메모로 나를 경영하라

메모가 정보가 되고 지식이 되는 세상

메모로 나를 경영하라

오경수 지음

상상미디어

책을 내며

　최근 몇 년 동안 '가르치고 배우는 것은 서로를 성장시킨다'는 뜻을 지닌 교학상장(敎學相長)이란 사자성어의 가르침대로 생활해온 것 같다. 주경야독처럼 주간에 경영하고 새벽이나 밤에 공부한 셈이다. 임직원들을 가르치고 인문학 등 옛 성인들의 말씀을 배우는 동안 나를 되돌아 볼 기회가 많았다. 그때마다 나의 삶에 대해 여러 가지 의문이 들었다.
　무엇이 나를 성장시켜 왔는가? 성장 원동력은? 핵심역량은? 무엇을 지향하고 있는가? 등등이 꼬리에 꼬리를 물고 나를 잠 못 이루게 했다.
　그러다 문득 깨닫게 된 것이 메모와 기록, 이를 바탕으로 정보를 창조하고 공유시킴으로써 경영에도 활용하고 삶에도 이득을 가져오게 되었다는 것이었다.
　아버님의 메모 DNA를 잘 발전시킨 탓일까?
　Memo is primary requisite to sucess in life(메모는 삶의 성공을 만드는 우선순위)라는 것이 어느새 내 생활 철학으로 자리 잡게 되었다.
　직장 운도 따랐다. 삼성에서의 신문 보기와 정보화 훈련, 롯데에서의 경영경험이 어우러져 오늘의 나를 있게 했기에 삼성과 롯데에 늘 감사드린다.
　"우리나라 위인 중 다시 태어난다면 누구와 대화하고 싶습니까?" 라는 질문에 다산 정약용이 으뜸이라고 대답한 사람이 가장 많다고 한다.

새해가 시작된 지 얼마 지나지 않아서 강진 다산초당으로 달려갔다. 기록을 중시하며 18년간 유배기간 중에 500권의 책을 쓴 다산 정약용을 배우기 위해서였다. 특히 다산이 자식들에게 쓴 편지는 독서와 기록을 늘 강조하여 오늘날에도 '기억의 전달자'로 남아 후대에 널리 읽혀지고 있다.

2박3일 다산초당 입구의 황토방에 머무는 동안 낮에는 다산의 흔적이 남아있는 주변을 산책하며 내 인생의 가장 큰 멘토로 자리잡은 다산의 정기를 받고자 했다. 저녁에는 민박주인이자 다산의 외가 손인 윤동환 전 강진군수와 다산 관련 지식이 누가 센지(?) 내기하듯이 앞다투어 다산의 치적을 높이는 데 서로가 열띤 토론을 했다.

사위가 조용해진 밤에는 가져온 원고를 들춰보면서 수정을 해나갔다. 다산이 아들에게 쓴 편지 중에 이런 글이 있다.

'편지는 좋은 글귀와 문장인가를 생각하며 써라. 편지 한 장 쓸 때마다 두 번, 세 번 읽어보고 이 편지가 사통오달한 번화가에 떨어졌을 때 그것을 누구라도 주워 펴 볼 수도 있다. 또 이 편지가 수백 년 동안 전해져서 안목 있는 많은 사람들의 눈에 읽히더라도 조롱을 받지 않을 편지인가를 생각해 본 후에 그럴 듯한 겉 봉투를 닫아야 한다. 이런 것이 바로 군자의 모습이다.'

난생 처음 책을 쓰는 나에게는 등골이 오싹하고 식은 땀이 나는 귀절이 아닐 수 없다. 이 글을 읽고 난 후 초보인 나로서는 글쓰기에 어찌 신중하지 않을 수 있을까?

한편, 고등학교 때부터 지금까지 쭉 존경의 끈을 놓지 않고 있는 도산 안창호 선생도 기록을 중요하게 여겼다. 흥사단을 창립할 때 독립 운동

방안이라든가 흥사단 약법 기초안, 흥사단 상징인 기러기 도안과 단기 도안 등을 직접 작성하거나 스케치를 하였다. 그리고 이 모든 것을 버리지 않고 기록으로 남겼다. 상해 임시정부 각원(노동국 총판)으로 일하는 가운데 일기를 꼼꼼하게 썼는데, 그날의 예정 사항을 열거하고 그것들에 대해 누구를 만나고 누가 방문하여 임시정부 일이나 독립 운동 관련 일을 협의했는지 매우 상세하게 기록되어 있다.

메모에 관한 책을 쓰게 된 까닭은 기록을 중시한 다산과 도산 선생님의 발끝이라도 따라가고픈 마음과 아버님으로부터 물려받은 메모와 기록의 DNA를 더욱더 가다듬어 나를 성장시킨 견인차로서 반듯하게 자리잡게 하고 싶은 생각에서였다.

작년에 우연히 마주친 고은 시인의 '비로소'란 시가 문득 떠오른다.
'노를 젓다가 노를 놓쳐버렸다. 비로소 넓은 물을 돌아다보았다.'

이 짧은 글 속에서 현직에 얽매어 있음으로 해서 내가 살고 있는 큰 세상을 못 보고 지나친 나를 발견하게 되었다. 또한 앞으로 나의 사명감이 무엇인지 깨닫게 되었다. 마침내 책과 강의 등으로 '공유가치를 실현하자'는 데 뜻을 세우게 되었다.

그리고 '메모 - 정보화 - 실생활에의 적용'의 사례가 필요한 분들과 나의 경험을 공유하는 것이 조그마한 재능기부가 된다는 의미가 있어서 출판까지 이르게 되었다.

특히, 33년간의 직장생활 중 거의 반 가까이를 최고경영자(CEO)로 지내며 축적한 나만의 경영노하우도 담고 있어 지식 나눔에도 도움이 될 것이라 판단했다.

앞으로도 나는 꾸준히 '정보발신기지'가 될 생각이다. 관심을 가지고 발견한 여러 가지 정보를 분석, 가공, 해석하여 상황에 맞게 공유와 활용하는 것 자체가 새로운 가치를 창조하는 것이 아니겠는가?

어느 먹구름에서 비가 내릴지 모르기 때문에 정보공유를 다방면에 골고루 활성화하다 보면 정보가 필요한 분에게 전달되고, 그러다 보면 자연스럽게 휴먼네트워크가 형성되는 선순환이 될 거라 확신한다. 이러한 측면에서 나는 '오늘의 무명 한 필이 내일의 명주 한 필보다 낫다'라는 말을 가장 좋아한다.

경영리더십, 조직문화, ICT(정보통신), 정보보안 등의 비교적 큰 이슈들이 이 책에서는 총론으로 가볍게 언급되었지만, 앞으로 기회가 되면 좀 더 노력하여 각론으로 접근하여 선보이도록 할 계획이다.

또한, 10여 년 전부터 결가부좌를 튼 수도승의 화두처럼 확실하게 자리잡은 내 좌우명, '격물치지(格物致知, 현장에서 사물을 직접 관찰하고 이치를 깨우치는 것) 정신'을 단 하루라도 잊지 않고 생활할 것임을 약속드린다.

책 출판에 도움을 주신 상상미디어 김혜라 사장님과 저에게 용기를 준 강명수 실장에게 감사의 말씀을 전한다.

2015년 3월에
오 경 수 씀

Contents

Chapter I 적자생존 – 적는 자만이 살아 남는다

기록은 기억보다 힘이 세다 • 16

메모 습관의 대물림 • 19

삶의 방향을 알려주는 내비게이션, 메모 • 23

뇌는 잊어버려도 몸은 기억한다 • 27

디지털시대에 아날로그적 고집 • 30

거시적 메모, 미시적 메모 • 34

탐험의 시작은 지도에서 시작된다 • 37

메모로 하는 제스처 • 40

메모, 일단 시작하라 • 42

메모, 사금처럼 걸러낼 줄도 알아야 한다 • 48

메모 한 장의 가치 • 50

  한 장의 종이에서 탄생된 명곡

  IT 전설을 기억하다

  명작을 만들다

  메모의 달인, 다산 정약용

  CEO의 습관

  좋은 쪽으로의 변화

메모로 나를 경영하라

아이디어, 메모에서 시작된다 • 66
메모, 목표로 나아가는 계단 • 70

Chapter Ⅱ 초연결시대의 정보전략 – 메모와 기록으로 지식을 만들어라

내 경험의 모든 것을 데이터베이스화 하라 • 74
정보에 가치를 더해라 • 77
데이터베이스에서 빅데이터까지 • 80
CTO - 건배최고책임자(Chief Toast Officer) • 82
정보 vs 보안 • 85
IoT는 보안이 생명이다 • 88
정보공유와 정보보안은 동전의 앞과 뒤, 양날의 칼 • 92
정보, 공유하고 나눠라 • 94
삼성그룹 그룹웨어 '마이 싱글'의 탄생을 이끌다 • 98

정보, 모으는 것만큼 버리는 것도 중요하다 • 103
정보 없이 전략 없다 • 106
자녀와 함께 한 정보 순환의 4단계 체험 • 108
정보의 독점성과 경로성 • 112

Chapter Ⅲ 메시지 경영 – 메모로 경영하다

꽃의 뒤를 그리는 사람은 없다 • 118
메모 커뮤니케이션 • 121
봄꽃에서 가을 열매를 본다 • 125
말은 그 사람의 향기다 • 128
Leader이기 전에 Reader • 131
칭찬이 필요한 시대 • 134
조직의 표상 • 138

메모로 나를 경영하라

비즈니스는 타이밍 싸움이다 • 141
인생도, 사랑도 적절한 때가 있다 • 144
오경수의 경영이야기 • 148

   귤화위지 – 좋은 사람은 좋은 땅에서 난다
   창조적 혁신 – 변화의 최전방에 서야 한다
   사람중심 경영 – 사람이 먼저다
   상생경영 – '더불어 함께'가 필요한 세상
   디테일 경영 – 기본에서 비롯된다
   현장 경영 – CEO는 위기관리 최고책임자
   혁신의 확산 – 백 마리째 원숭이 현상
   패러독스 경영 – 현실을 직시하라
   띠 경영 – 띠 동물의 가르침
   일상 경영 – 관찰을 통해 지혜를 얻다
   펀(Fun) 경영 – 월요병 없는 회사가 성공한다
   스킨쉽 경영 – 부대껴야 식구가 된다

Chapter Ⅳ 메모 Life – 메모는 인생을 변화시킨다

낯선 세계로의 용감한 도전, 발상의 전환 • 186
이젠 재테크보다 '自테크'다 • 189
나의 곁에 언제나 멘토가 있다 • 191
긍정적으로 성공을 확신하라 • 195
끊임없이 도전하라 • 197
노는 물부터 달라야 한다 • 199
공부에 정년은 없다 • 202
1초도 돈으로 살 수 없다 • 206
때로는 새벽과 인사해라 • 210
먼 나라의 티켓을 사야 긴 여행이 된다 • 212
1만 시간의 법칙 • 214
지속가능한 실천의 힘 • 217
사소한 습관이 차이를 만든다 • 220
진정한 네트워크는 人-net • 223
길을 만든 사람, 길을 찾은 사람 • 226
한번 총무는 영원한 총무 • 229

메모로 나를 경영하라

젊은 당신의 목소리가 듣고 싶습니다 • 232
쉼표가 필요한 이유 • 235
숲에서 얻는 힐링과 여유 • 239
시그니처 스타일 • 242
연리지 • 245
영화를 통한 휴먼네트워크 • 251
우리 가족의 특별한 '정 나눔' 이벤트 • 256
돈키호테를 다시 생각하다 • 259
벌거벗은 후의 힘(Naked Strength) • 264

Chapter I

적자생존

적는 자만이 살아 남는다

메모로
나를 경영하라

기록은 기억보다 힘이 세다

수많은 정보들이 폭포처럼 쏟아져 내리는 세상입니다. 그야말로 나이아가라 폭포 아래서 정보의 물줄기를 맞으며 서 있는 기분이죠. 더욱이 요즘엔 스마트폰만 있으면 원하는 모든 정보를 때와 장소를 가리지 않고 얻을 수 있게 되었습니다. 백과사전을 뒤적이지 않아도 검색어만 입력하면 그와 연관된 무수한 정보들이 감자줄기처럼 따라 나옵니다.

그러나 아무리 좋은 정보라도 자기 것으로 만들지 않으면 소용없게 됩니다. 에빙하우스가 '망각이론'에서 역설했듯이 사람은 어떤 말을 들은 후, 30분이 지나면 50% 이상을 잊어버리는 망각의 동물이기에 그때그때 기록하고 보관하지 않으면 잊고 맙니다. 정보의 양과 반비례하여 쏟아지는 시간의 폭도 좁아진 만큼 기억에게만 정보의 저장을 맡길 수는 없습니다.

기록을 통해 인간은 자신의 노하우를 잘 보존하고 이를 필요한 사람에게 전달하면서 정보의 확산을 가져올 수 있습니다. 메모를 통한 기록, 디지털 시대에서 살아남을 수 있는 아날로그적 경쟁력입니다.

　기록은 기억보다 강하다고 합니다. 현대를 살아가는 사람들에게 있어서 메모는 그 무엇보다 중요합니다. 잘 정돈된 메모는 훗날 자신만이 활용할 수 있는 백과사전이 될 수 있으며, 순간순간 떠오르는 좋은 아이디어나 생각을 제대로 메모해 두면 성공의 무기가 되기도 합니다.

　흔히 우리나라 사람들은 메모하는 습관이 부족하다고 얘기합니다. 메모만 잘 해도 사회생활하는데 훨씬 유리하다는 걸 대부분은 인지하면서도 실천에 옮기는 이는 극히 드물거든요.

　한자어에 질서(疾書)라는 단어가 있습니다. '빨리 기록한다'는 뜻으로 생각이 달아나기 전에 빨리 적는 찰나의 메모라는 뜻입니다. 중국 북송의 학자, 장횡거(張橫渠)가 「정몽(正夢)」을 저술할 때 거처하는 곳마다 붓과 벼루를 준비해 두고 밤중이라도 깨달은 것이 있으면 일어나 잊지 않기 위해 빨리 기록해 두었던 방법에서 유래했다고 하죠. 옛사람들은 이렇게 책을 읽다가 메모를 했습니다. 그것도 먹물을 적셔 붓으로 일일이 기록하는 수고로움도 마다치 않고 말이에요.

　실학자 박제가가 1778년 저술한 「북학의(北學議)」 또한 중국 사신 행렬에 끼어 도착한 연경에서 벽돌 하나하나를 관찰하고 또 책과 문방사우를 파는 유리창거리를 밤늦도록 꼼꼼히 살피고 이를 종이에 기록한 덕분에 탄생된 것이라고 합니다. 생각해 보십시오. 일과가 끝난 후 어둠이 내린 낯선 거리에 서서 종이에 뭔가를 급하게 써 내려가고 있는 조선 선비의 모습을…. 강대국 조선을 꿈꾼 선비의 애국심과 열정에 가슴 뭉클

해짐을 느낍니다.

　동서고금의 역사를 살펴보면 성공한 사람들은 모두 메모광이었습니다. 1,300여 점의 발명 특허를 보유한 '발명왕' 에디슨 또한 사후에 전해진 메모와 일기가 300만 매에 달했다고 합니다. 메모를 논할 때 아인슈타인도 빠질 수 없는 인물입니다. 그와 관련해 전해오는 일화가 한 편 있습니다.

　어느 과학자가 아인슈타인에게 "박사님의 연구용 실험장비는 무엇입니까?"하고 물었습니다. 그러자 아인슈타인은 만년필을 꺼내어 보여주었습니다. 당황한 과학자가 다시 침착하게 "그러면 가장 중요한 과학장비는 무엇입니까?" 다시 묻자, 옆에 있던 휴지통을 가리키면서 이렇게 말했답니다. "바로 저것이지요. 나는 일상생활 중 머릿속에 뭔가가 떠오르면 잊어버리지 않도록 메모를 하고 골똘하게 생각하지요. 그때 잘 갖춰진 실험실보다는 떠오르는 생각을 적을 수 있는 만년필과 메모지를 버릴 수 있는 휴지통만 있으면 됩니다"

　아인슈타인이 세상에 이름을 떨치는 훌륭한 과학자가 될 수 있었던 데에는 메모가 중요한 역할을 했다는 것을 단적으로 보여주는 이야기입니다.

　어느 책에선가 '성공하려면 기억하지 말고 메모하라'는 글을 읽은 적이 있습니다. 물론 메모를 한다고 모두가 성공하는 것은 아니지만 그래도 성공 확률을 높여주는 건 분명한 사실 아닐까요?

메모로
나를 경영하라

메모 습관의
대물림

매년 겨울 밀감철이면 우리 가족은 아버지의 색다른 편지(?)를 받곤 합니다. 올해도 예외는 아니었죠. 밀감 박스를 개봉하자마자 가로 세로의 판지 네 면에 검정 싸인펜으로 쓴 아버지의 낯익은 글씨가 눈에 들어옵니다.

"경수야 읽어 보거라, 며늘아가…, 은경아…, 은실아…, 명근아…" 아들과 며느리, 손녀, 손자의 이름과 함께 당부와 걱정이 담긴 아버지의 글씨는 향 짙은 밀감보다 먼저 저와 우리 가족의 눈과 마음을 사로잡고 감동시킵니다.

그러고 보니 아버지의 편지는 아주 오랜 역사를 갖고 있습니다.

지금으로부터 46년 전인 1969년, 초등학교를 졸업하고 서귀포를 떠나 제주시에 있는 중학교에

[밀감 박스에 적힌 아버지의 편지]

Chapter I 적자생존　19

진학하게 되면서 가족과 떨어져 살게 되었는데 이때부터 아버지께서는 저에게 편지를 쓰기 시작하셨습니다. 저 역시 이때부터 아버지께 편지를 보내기 시작했구요.

한창 놀기 좋아할 나이에 편지 쓰는 일이 참으로 싫었지만 "일주일에 한 번은 꼭 안부편지를 쓰거라" 하신 아버지의 엄명을 거역할 수 없었습니다. 제가 편지를 쓰면 아버지는 꼭 답장을 보내오고 그 답장을 받고 다시 답장을 하다 보니 자연스럽게 편지왕래가 일상으로 자리 잡게 되었죠. 아버지의 사랑 덕분에 비록 몸은 멀리 떨어져 있지만 집안에 무슨 일이 있는지 마치 눈에 보이는 듯 훤히 알고 느낄 수 있었습니다.

하지만 편지를 쓰는 날이 되면 저는 무슨 얘기를 써야 할지 막막했습니다. 오랜만에 써야 그간에 할 얘기들이 많은 법인데 학교와 하숙집을 오가는 중학교 남학생의 되풀이되는 일상에 쓸 내용 또한 너무나 뻔했거든요. 지난 일주일간의 일들을 떠올려 봐도 기억나는 일들도 없고 그렇다고 "저는 잘 지냅니다", "괜찮으니 걱정하지 마세요"처럼 매번 같은 문장만 반복해서 보내 드릴 수만은 없었던 거죠.

그러다가 시작하게 된 것이 메모였습니다. 학교나 하숙집에서 있었던 소소한 일들을 노트나 수첩에 기록하기 시작했죠. 수업 중 발표하면서 생긴 일, 서점에서 책을 보면서 느낀 것 등 소소한 일상에서 특별한 사건까지 그때그때 기록했습니다. 그날그날 적은 메모를 정리하니 그것들은 한 편의 일기이자 수필이 되었죠. 그 다음부터 아버지께 편지 쓰는 일이 수월해졌습니다. 메모한 글들을 아버지께 보내는 편지에 옮겨 적으면 되었거든요. 그러다 보니 몇 줄 쓰다가 막히던 편지의 내용들이 점점 차고 넘치게

[낚시 장소, 일자를 기록한 물고기 탁본]

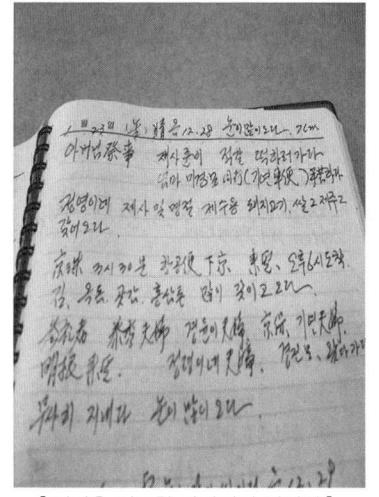

[일상을 기록한 아버지의 일기장]

되었습니다.

저의 메모 습관은 그렇게 시작됐습니다. 그런데 지금에 와서 가만히 생각해보면 이러한 습관은 아버지로부터 대물림된 것 같습니다.

제 기억 속의 아버지는 연필과 볼펜을 이용해 무엇이든 기록하는 분이셨습니다. 소소한 일상의 기록에서부터 어느 해인가는 낚시로 잡은 물고기 탁본을 뜨셔서 일자를 기록해 벽에 걸어두시기도 하고 귤 농사와 관련된 계획이나 일들을 평생에 걸쳐 하나도 빠짐없이 적어 오셨습니다.

지금도 고향집 달력에는 집안 대소사가 일일이 기록되어 있어 전화통화 할 때마다 아버지께서는 "다음 달 며칠은 누구 생일이다"라며 항상 주지시켜 주시죠. 저 역시 메모 잘하는 사람이라 인정받고 있지만 아버님의 메모 기술은 저를 훨씬 능가합니다.

아버지와의 편지왕래는 그 후로도 지속되어 현재에 이르고 있는데 어느

덧 80대 중반이 되신 아버지와 50대 중반의 아들이 서로 전하는 내용은 세월에 따라 변해갔지만 아버지 편지를 받을 때의 애틋함과 가슴 뭉클함은 언제나 여전합니다.

"여긴 걱정마라, 건강해라, 차조심해라, 애들 뒷바라지 잘해라, 안심해라" 한글과 한자가 혼용된 데다가 맞춤법도 가끔 틀리지만 또박또박한 글씨로 두 장에 걸쳐 쓰신 편지 내용의 한결같은 공통점은 46년 전이나 지금이나 아들네 '걱정' 일색입니다.

이젠 기력도 약해지신 아버지의 편지 횟수는 뜸해졌지만 간혹 편지를 받을 때마다 절절히 묻어나는 아버지의 변함없는 자식 사랑에 아내와 자식들 앞에서도 체면불구하고 매번 쉰 중반 아들의 눈시울은 벌겋게 뜨거워지곤 합니다.

아버지와의 편지왕래 때문에 시작된 저의 메모도 처음에는 편지나 일기 등 단순히 기록하는 것에 국한되었지만 시간이나 업무, 생활 등을 계획하고 분석하며 점차 새로운 관점, 개념으로 재창조되며 성장했습니다.

제가 메모를 잘하는 대한민국 0.1%에 속하게 되어 방송에 출연하거나 「한국의 메모의 달인들」이란 책에 소개된 적도 있을 만큼 남다른 메모 전문가가 된 데에는 무엇보다 아버지의 영향이 가장 컸다고 봐야겠지요.

메모로
나를 경영하라

삶의 방향을 알려주는 내비게이션, 메모

제가 메모의 효용성, 효과란 이런 것이구나 하고 깨닫게 된 건 중학교 1학년 때였습니다. 아버지께서는 그해 12월에 1년 치 학비와 생활비를 한꺼번에 보내주셨는데 14살 어린 나이에 큰돈을 받으니 무엇을 어떻게 해야 할지 막막했습니다. 일단은 은행에 넣어두고 학비를 내야할 때가 되면 학비를 찾고, 하숙비를 내야할 때가 되면 하숙비도 내면서 그렇게 시간이 흘렀습니다.

그런데 다섯 달 정도 지나 통장 잔고를 확인해보니 1년 치 학비와 생활비의 절반 이상이 사라지고 없었습니다. 도대체 언제 그 많은 돈을 썼는지, 어디에 어떻게 썼는지 알 수가 없었습니다. 보고 싶은 책을 샀던 것, 친구들과 군것질을 했던 것 등이 떠올랐지만 사라진 많은 돈의 사용처가 납득이 가지 않았습니다. 덜컥 겁이 났죠.

'이대로 가다가는 몇 달 후면 학비 낼 돈도 없겠구나' 정신이 번쩍 들었습니다. 죄송한 마음과 부끄러움이 밀려들었습니다.

'부모님께서 1년 동안 감귤 농사를 지으셔서 나를 인정해주며 믿고 맡기신 돈인데…'

그때부터 금전출납부를 쓰기 시작했습니다. 우선 학비와 하숙비를 먼저 떼어놓고 남은 돈으로 어떻게 생활할지 계획을 세웠습니다. 생활비, 도서 구입비, 친구들과의 교제비 등의 항목을 정해 다음 달 지출 금액을 예측하고, 한 달이 지난 후 예측대로 집행이 됐는지 분석하기 시작했습니다. 처음에는 여기저기 쓴 돈을 계산하는 게 귀찮고 힘들었지만 조금 지나니 습관이 되어서인지 일상으로 자리 잡게 되었죠.

비록 풍족하지 않은 생활비였지만 지출에 대한 예측과 분석을 통해 여느 가정주부 못지않게 규모 있는 살림을 꾸려갈 수 있었습니다.

일기쓰기와 편지로 시작해 금전출납부로 본격적으로 시작하게 된 저

[중학교 시절 일기장]

의 메모는 시간이 지날수록 확장되고 세분화되고 시대 트렌드에 맞춰 발전을 거듭했습니다.

저의 일상은 메모로 움직이고 있다고 해도 과언이 아닙니다. 저는 연간, 월간, 주간, 매일 시간대 별로 메모를 합니다. 메모 내용은 일정에서부터 좋은 글, 순간의 단상 등 매우 다양합니다. 일정이 가장 많은 부분을 차지하는데 이것들은 몇 장 더 복사해서 사무실 책상 위, 차, 집 등에 보관합니다. 어느 하나의 일정도 놓치지 않도록 크로스 체크를 하기 위함입니다.

요즘엔 스마트폰도 빠질 수 없습니다. 스케줄러, 페이스북, Google Keeps 앱, 에버노트, 밴드에 저장을 하여 언제든지 확인이 가능하도록 하고 있습니다. 그뿐만이 아니라 이젠 사진을 찍어 메모를 합니다. 그리고 알람을 지정해 놓죠. 수많은 업무와 스케줄 속에서 잊지 않고 기억할 수 있도록 이중, 삼중의 장치를 해 놓는 것입니다.

그럼에도 일정을 놓치거나 약속이 중복이 되는 경우가 있습니다. 이는 미처 스케줄 확인을 못하고 기억에 의존하여 약속을 잡는 경우입니다. 일주일에 두세 건에 불과한 스케줄이라면 충분히 기억에 의존할 수 있겠지만, 시간 단위로 일정을 소화하는 저로서는 불가능한 일입니다. 만약에 꼼꼼하게 일정을 기록하고 약속이나 할 일 등을 메모하지 않았더라면 저의 일상은 뒤죽박죽이 되었을 것이 분명합니다.

메모를 통해 연간, 월간, 주간, 매일의 시간 계획을 세우면 당장의 중요하고 시급한 일을 처리하기 위해 급급해하지 않게 됩니다. 장기적인 관점에서 우선순위에 따라 시간 활용을 하기에 생산성이 한층 높아지는 것은 물론, 개인의 삶이 보다 풍성해집니다.

메모의 통계를 이용해 삶을 조정하기도 합니다. 업무와 관련된 미팅, 동문회, 사우회, 향우회 등등 메모한 내용을 수치로 통계를 내서 이를 활용합니다. 일주일 단위로 메모의 내용을 재정리하면서 통계를 내는 방법으로 메모의 활용도를 높이고 있습니다.

예를 들어 어떤 모임만 유독 많은 빈도가 나타난 통계를 보면 '모임 날짜가 수요일에 두 개나 겹치니 이건 조율을 해야겠구나' 등등 분석을 하게 되어 그날부터 모임의 빈도라든지 모임 날짜를 재조정하기도 합니다.

메모를 하는 사람은 적지 않지만 통계적 수치를 내서 이를 재활용하는 경우는 많지 않습니다. 그러나 일주일, 한 달, 일 년 단위로 통계를 내고 이를 생활에 활용한다면 생각보다 더 효율적으로 알차게 시간을 쓸 수 있습니다.

이외에도 단편적인 사실이나 그냥 흘려보내 버릴 수 있는 훌륭한 아이디어들을 메모해서 잘 정리해 두면 나중에 다시 사용할 수 있는 좋은 정보자산이 됩니다.

이렇듯 메모는 하나의 정보를 여러 번 사용하도록 하는 가장 기초적인 수단인 동시에 정보의 재활용을 촉진시키는 촉매제입니다.

메모는 빠르고 정확한 삶의 길을 찾는 내비게이션과 같습니다. 시행착오와 실수를 줄이고 편하고 쉬운 길로 안내해주기 때문입니다.

메모로
나를 경영하라

뇌는 잊어버려도
몸은 기억한다

   소설을 쓰는 김훈 작가는 "글을 몸으로 밀고 나간다"라는 표현을 했습니다. 그는 아직도 원고지에 손으로 쓰는 방법을 고수하고 있죠. 그리고 자전거 타는 것도 즐겨합니다.
   자전거 타기와 손으로 글 쓰는 것, 이 둘의 공통점이 뭔지 아십니까? 그건 바로 직접 몸으로 겪으며 기억한다는 점입니다. 자동차나 기차를 타고 가면서 보는 풍경과 자전거를 타고 가면서 보는 풍경은 차원이 다르게 기억됩니다. 자동차나 기차는 목적지가 중요한 이동이기 때문에 기억이 안 될지도 모릅니다. 하지만 자전거는 길의 굴곡을 온 몸으로 느끼며 길과 풍경을 몸으로 기억하게 됩니다. 글도 마찬가지인 것 같습니다. 떠오른 생각을 내 손으로 직접 종이에 현실화시키고 확인하고 기억하게 됩니다.
   뇌 과학자들은 '손은 밖에 나와 있는 뇌'라고 했습니다. 우리 고유의 아기들 놀이인 「단동십훈」을 보면 손을 이용한 놀이가 많습니다. 이는 손의 움직임이 많을수록 아기의 뇌 발달에 도움이 되기 때문입니다. 이렇듯 손으로 기록한 생각은 머리에 한 번 기억되고 노트나 휴대폰 등에 또 한 번 기억되는 두 배의 효과가 있습니다. 뿐만 아니라 종이나 도구를 통해 기록을 하면 기억의 창고에 여유를 줄 수 있다는 장점도 있습니다.

우리의 뇌는 온갖 종류의 물품이 모이는 택배회사의 물류창고처럼 복잡합니다. 사람의 이름이며, 버스노선 등의 단순한 기억들이 저장되어 있기도 하고 때로는 새로운 예술작품을 창작하고 미래의 계획을 세우기도 합니다. 그만큼 무수한 것들을 저장하고 보관하려면 뇌 안에 널찍한 공간이 필요합니다.

그런 공간에 매일매일 수많은 생각들이 가득 차 있다고 생각보세요. 그럼 뇌는 여유가 없어서 더 창의적이고 발전적인 일에 쓸 여력이 없을 겁니다. 메모는 바로 뇌에 여유 공간을 만들어 주는 행위입니다. 단편적이고 단순한 정보를 뇌에서 덜어내 종이에 옮기면 뇌는 더 가치 있는 일에 매진할 수 있게 됩니다. 또한 일의 우선순위와 중요도를 판단할 수 있게 되어 복잡한 두뇌를 간편하고 창의적으로 만드는 데 도움이 되죠.

인류역사상 가장 위대한 천재라는 아인슈타인도 메모의 장점을 가장 잘 활용한 사람이었습니다. 그와 인터뷰하던 기자가 집 전화번호를 묻자, 아인슈타인은 전화번호 수첩을 꺼내 자신의 집 전화번호를 찾았다고 합니다. 기자가 깜짝 놀라서 "설마, 댁 전화번호를 기억하지 못하는 건 아니시죠?"하고 물었더니, 아인슈타인은 "전화번호 같은 건 기억하지 않습니다. 적어두면 쉽게 찾을 수 있는 걸 뭣 하러 머릿속에 기억해야 합니까?" 라고 대답했다고 합니다.

  이는 "기록하고 잊어라, 그리고 두뇌의 빈 공간을 창의적으로 써라"는 메모의 효율성을 가장 잘 나타내는 말과 같은 맥락의 일화입니다.

  메모를 함으로써 얻게 되는 또 다른 좋은 점은 정보를 재활용할 수 있다는 것입니다. 비슷한 또는 다른 정보들과의 연계를 통해 그 가치를 높이고 시너지 효과와 더불어 유용한 삶의 지식이 됩니다.

  다시 말해 메모 데이터는 정보의 바탕이 되고 정보는 지식, 지식은 곧 지혜의 바탕이 됩니다. 결국 정보 간의 상관관계와 인과관계를 잘 파악하는 사람이 지혜를 얻게 되는 것입니다. 그리고 이런 관계들을 파악하기 위해선 정보들을 시각화시키는 것이 전제되어야 합니다.

  그래서 메모는 필요한 거죠.

메모로
나를 경영하라

디지털시대에
아날로그적 고집

아침에 일어나 가장 먼저 하는 일은 무엇인가요? 대부분은 화장실을 가겠지만 저는 그보다 먼저 현관 앞에 배달된 신문을 가져오는 일부터 시작합니다. 집에서만 5개의 신문을 받아 보는데, 그 중 3개는 6시 전에 배달되지만 나머지 한두 개는 6시가 지나서야 배달됩니다. 그 덕에 두 번 발걸음을 하지만 그 두 번째의 발걸음도 즐거운 것은 나머지 한두 개의 신문에서 얻게 되는 정보가 넘쳐나기 때문이죠.

신문에서 가장 먼저 보는 지면은 뒤에서 두 번째 페이지인 인사동정란입니다. 특히 인사이동 시즌에는 조직 개편이나 승진, 이동하는 지인들이 있는지 살펴봅니다. 승진이나 부고가 있을 경우 바로 스마트폰으로 사진을 찍어 축하 메시지나 조문을 적어 전송합니다. 이른 시간이지만 축하의 메시지를 받은 지인은 어김없이 감사의 인사를 전해옵니다.

신문을 읽으며 중요한 정보는 그때그때 스크랩을 합니다. 아주 오랜 습관이죠. 좋은 기사를 보면 집이든 차 안이든, 사무실이든 찢거나 오립니다. 그럴 여건이 되지 않을 때는 그 기사가 담긴 한 면을 통째로 찢어 접어놓습니다.

그리고 시간이 날 때 클리어 파일에 분류 보관하고 틈틈이 들춰봅니다. 이런 스크랩 방식은 삼성그룹 비서실에서 근무할 당시부터 시작된 것입니다. 근 30년간 국내에서 발행되는 모든 종류의 신문을 스크랩하며 터득하게 된 오랜 시간과 경험이 축적된 유서 깊은 노하우라고 할 수 있죠.

스크랩 하는 방식은 이렇습니다. 우선 비즈니스가 중심이 되는 '회사'와 자기계발 측면의 '개인'으로 구분을 합니다. 그리고 가장 먼저 내가 몸담고 있는 회사의 기사를 확인한 후 동종업계, 관련 분야, 정부기관, 해외 순으로 스크랩을 해 나갑니다. 여기에 신기술, 마케팅 전략 등의 트렌드를 파악하며 칼럼 및 오피니언, People 등으로 구분을 하고 있습니다.

개인 부분은 자기계발에 도움이 되는 지식적인 면을 우선으로 취미, 건강, 문화 등의 이야기가 중심이 됩니다. CEO, 경영전략, 변화/혁신, 휴먼네트워크, 정보관리 측면으로 구분하여 새로운 지식을 습득하고 이해하며 나의 자산으로 만들기 위해 노력합니다. 여기에 문화, 건강, 생활의 지혜 등에 대한 내용을 추가하여 비즈니스에 지친 몸과 마음을 쉬게 하고 재충전할 수 있는 여유도 즐기곤 합니다.

여러 종류의 신문을 짧은 시간에 읽으면서 메모도 함께 하기란 생각처럼 쉽지 않습니다. 이때는 중요한 내용을 발견하면 우선 신문을 찢습니다. 그리고 빨간색 펜으로 중요한 부분을 체크하고 그때의 느낌 등을

[신문 스크랩을 통한 정보수집의 창고 '정보곳간']

간단하게 메모합니다.

그러고 나서 시간이 날 때마다 필요한 내용을 정리하고 이 정보가 필요한 사람에게 전달하는 작업을 합니다. 요즘은 스마트폰이 있어 그때그때 내용을 사진으로 찍어서 바로바로 보낼 수 있어 정보의 공유가 훨씬 수월해졌습니다.

주말엔 메모가 더 풍성해집니다. 평일보다는 여유롭게 신문을 읽으며 사람과 삶에 대한 깊이 있는 생각을 메모합니다. 특히 주말 신문 섹션지는 깊이 있는 정보와 지식을 다룹니다. 월요일에서 금요일까지의 신문들이 분야별 사실과 정보 등을 분석적으로 담은 전문서적과 같다면 주말 신문의 섹션지는 라이프와 사람에 대한 인문학적 성찰을 담은 인문서적과 같은 느낌을 줍니다. 그래서 주말의 메모 내용은 다양해집니다. 저의 메모장에는 이런 문장들이 무수히 기록되어 있습니다.

비비안 리의 내일은 내일의 태양이 뜬다.

이길여 총장의 "인생은 얼마 살았나보다, 뭘 하느냐가 중요, 바람개비는 바람이 거셀수록 더 빨리돈다"
샘코의 셈 사장 "CEO = 효소역할 최고책임자(Chief Enzyme Officer)"
김난도 교수의 '아프니까 청춘이다'는 구체적 해법주지 않아도 '공감, 위로, 격려'로만 100만부 팔렸다.
동국대 조벽 교수 "미래의 인재는 위즈덤, (WEsdom=WE+wisdom)"
"호통, 카리스마 리더십보다 '형님 리더십'이 스포츠 지도자의 자질"
맨유 퍼커슨 감독의 "팀보다 중요한 선수는 없다"
등등

주말엔 보통 세 시간을 신문 앞에서 보냅니다. 컴퓨터와 휴대폰이 있는 최첨단 디지털 세상에 조금 뒤떨어져 보이고 답답해 보일 수도 있겠지만 저는 오랜 습관이 된 이 아날로그적 고집을 버리지 못합니다. 비록 디지털 산업에 종사하고 있지만 신문을 펼쳐놓고 그 속에서 내게 필요한 정보를 찾고 기록하여 내 것으로 만드는 기쁨을 포기할 수 없기 때문이죠.

컴퓨터와 스마트폰의 확산으로 종이로 된 신문의 판매부수가 급감한다고 합니다. 신문애독자인 저로서는 참으로 안타까운 소식이 아닐 수 없습니다. 단행본 책 한 권 값도 안 되는 가격으로 장르별 다양한 정보와 볼거리 읽을거리를 얻을 수 있는 신문이야말로 일일이 정보를 검색해 찾을 수 없는 바쁜 현대인들에게 꼭 필요한 '스마트 비서'인데 말입니다.

조찬이 있을 경우엔 신문을 보지 못하기에 e-신문 앱을 봅니다.

이십여 년 째 늘 그래왔듯 저는 내일 아침에도 신문을 펼쳐놓고 즐거운 '정보 수집' 의식을 거행할 것입니다.

메모로
나를 경영하라

거시적 메모, 미시적 메모

"메모는 어떻게 하는 건가요?", " 이런 것도 메모라고 부를 수 있나요?"
 메모를 잘하는 사람으로 알려진 후 주변 분들이 제게 이런 질문을 많이 해옵니다. 메모는 기억을 돕기 위해 짤막하게 기록하는 것을 의미합니다. 모든 것을 기억한다면 메모를 할 필요가 없겠죠. 그렇기에 메모는 어떤 형식이나 기술을 필요로 하지 않습니다.
 사소한 개인의 일정이나 생각 등에서부터 조직이나 단체를 위한 메모 등 종류도 다양합니다. 신년계획, 약속, 전화 메모, 인적 사항, 건강 관련 메모 같은 것은 아주 사적인 것에 속합니다. 이는 개인의 삶의 영역에 국한됩니다. 물론 이런 자잘한 메모가 곧 메모의 시작이고 또 중요합니다. 우리가 흔히 메모라고 하는 건 바로 이런 사적인, 미시적 메모를 의미합니다.
 그런데 이보다 더 확장된 조직 차원에서의 거시적 메모도 있습니다. 이 메모가 어떻게 활용되고 왜 중요한지 예를 들어보겠습니다.

저는 직장생활에서 '보고'를 상당히 중요하게 생각합니다. 그런데 요즘 친구들은 보고를 잘 하지 않습니다. 보고라는 건 일하는 과정에서 여러 번 있어야 하는데 그게 안 된다는 겁니다. 그래서 이런 상황이 발생합니다.

업무를 위한 PPT를 만들라고 팀장이 지시를 했습니다. 부하직원은 만들기 시작합니다. 하루 이틀 시간이 지나면 당연히 팀장은 잘 돼가냐고 묻겠죠? 그럼 팀원은 "네"라고 대답합니다. 한번 보자고 하면 다 되면 그때 보여주겠다고 합니다. 그리고 마감이 임박해서 PPT를 보게 됩니다. 그런데 맘에 들지 않습니다. 논리의 순서도 맘에 안 들고 근거로 제시한 데이터와 기획 방향도 영 탐탁치 않습니다. 결국 PPT를 만들기 위해 팀원 모두가 밤을 새워 처음부터 다시 하게 됩니다.

이는 인력과 시간의 낭비임은 물론 회사로서도 손실입니다.

요즘 직원들은 일을 시키면 일단 컴퓨터부터 켭니다. 초고, 밑그림이라는 개념이 없습니다. 파워포인트를 만들기 전에 손으로 대략의 논리전개를 위한 메모 과정이 없죠. 간략한 슬라이드의 구성 순서와 아이디어라도 적은 다음에 시작하는 것이 아니라 일단 컴퓨터의 전원 버튼부터 누릅니다. 그리고 끝까지 만들고 나서야 검증을 받습니다.

그런데 만약 시작단계에서 초고 아이디어를 A4 종이에 그려서 사무실 벽에라도 붙이면 어떤 일이 생길까요? 처음엔 쑥스러울 겁니다. 누가 내 생각을 보게 된다는 사실에 선뜻 용기가 나지 않을 것입니다. 그런데 팀원들은 그걸 보면서 일의 방향과 진행 과정을 이해할 수 있게 됩니다. 일종의 정보공유가 아날로그적으로 생기는 겁니다. 물론 사내 전산망을 통해서도 정보를 공유할 수 있습니다. 그리고 그걸 보고 의견 제시를 하는 사람도 있을 테고 비판의 목소리도 있을 수 있습니다. 그러나 만약 이 과정을 거치게 된다면 결과물에서 발생될지 모르는 시행착오도 줄일 수 있겠죠.

결과물 전에 과정을 공유하기란 그리 쉽지 않습니다. 개인 위주이고 빠른 디지털시대여서 그런지 그 사이의 많은 변수와 과정들에 대해선 영 관심이 없는 것 같습니다.

메모가 오직 나를 위한 것이라고 생각하십니까? 그렇지 않습니다. 팀의 실적과 일의 효율성을 높이는 일이고 이는 곧 기업이나 사회, 더 나아가 나라의 발전과도 연계됩니다. 디지털 시대, 조직의 거대화 속에서는 팀과 조직 차원에서의 아날로그적인 거시적 메모를 통한 정보공유가 더 절실히 필요한 때입니다.

메모로
나를 경영하라

탐험의 시작은
지도에서 시작된다

인생을 살아가거나 일을 함에 있어 계획을 세우는 것은 매우 중요합니다. 계획은 미래를 현실로 불러들이는 것입니다. 생텍쥐베리는 이렇게 말했죠. 계획 없는 목표는 한낱 꿈에 불과하다고.

체계적인 계획수립을 위해서는 무엇보다 치밀한 준비가 필요합니다. 준비의 첫 단계는 바로 정보 수집이며 정보 수집은 단편적인 메모에서부터 출발합니다.

메모를 통해 기록을 하게 되면 내가 어디로 가야 할지, 어떻게 가야 할지를 명확하게 알 수 있게 됩니다. 목표를 향해 가는 길을 구체화하고 불확실성을 제거할 수 있기 때문입니다. 메모를 하는 것만으로도 목표 달성의 절반은 성공한 것입니다.

메모를 통해 준비를 하고 계획을 세우는 습관을 지속하면 일과 인생에서 누구에게도 뒤지지 않을 만큼 탄탄한 내공을 쌓을 수 있게 됩니다. 메모를 통해 부족한 부분을 파악하고 새로운 지식을 더하는 과정 속에서 자신감을 얻을 수 있기 때문입니다.

TV로 스포츠 경기를 보다 보면 수첩에 뭔가를 열심히 적고 있는 코치나 감독들 모습이 화면에 잡히는 걸 보셨을 겁니다. 슈틸리게 축구 국가대표 감독은 선수와 교감하며 항상 메모를 합니다. 그래서 슈첩(슈틸리게+수첩)이라고 불리우며, 선수 개인마다 촌철살인하는 맞춤형 조언을 해주어서 사기를 북돋웁니다. 2015아시안컵 축구대회때 손흥민에게 '유럽축구연맹 챔피언리그에 뛰는 선수가 10경기 연속 A매치 무득점이라니, 자존심이 있지, 그러면 안된다'고 강한 조언을 했더니 신뢰와 사기를 얻고 우즈베키스탄전에 두 골을 넣기도 했죠. 그럼 감독과 코치는 수첩에 뭘 적을까요? 후반전이나 다음 경기를 위한 작전, 또는 예기치 못한 변수에 대한 대처방안 등일 것입니다. 물론 경기 시작에 앞서 충분히 많은 준비를 했을 겁니다. 상대편과 우리 팀에 대해 그전에 했던 많은 메모들을 바탕으로 전략과 전술을 짰겠죠. 그러나 이것을 현장에서 적용해보면 언제나 변수들이 발생합니다.

갑작스레 비가 올 수도 있습니다. 상대편에서 예상치 못한 선수를 선발로 기용할 수도 있습니다. 경기 도중 뜻하지 않게 자기 팀의 에이스가 부상을 당할 수도 있습니다. 심한 반칙으로 자기 팀이나 상대 팀이 퇴장을 당할 수도 있습니다. 정말 현장의 상황은 마주하기 전까진 알 수가 없습니다. 다만 예측할 뿐입니다.

바로 그 예측의 확률을 높이는 건 정보이고 그 정보의 원천 중 하나가 메모입니다. 그래서 감독이나 코치들에게는 현장에서 발생할 수 있는 새로운 변수에 대응하기 위한 메모가 필요한 겁니다.

제가 자주 쓰는 말이 있습니다.

"우문현답. 우리 문제의 답은 현장에 있다"

계획도 메모에서 출발하지만 현장에서의 상황 대처 능력도 메모에서 나옵니다. 전반전이 끝나고 후반전을 준비하는 그 짧은 시간, 후반전에 이기기 위한 비책은 전반전에 열심히 했던 메모에 있습니다. 메모를 바탕으로 후반전에 확실한 작전을 세우고 들어오는 팀은 자신감이 붙습니다. 전반전의 위기감이 사라지고 후반전의 불확실함도 없어집니다.

학교생활, 직장생활, 가정생활도 마찬가지입니다. 지금 뛰고 있는 전반전보다 후반전을 위해 오늘 열심히 메모하며 준비해야 합니다. 틈틈이 준비하고 작전을 짜는 사람만이 내일 그리고 미래에도 잘 뛸 수 있게 됩니다. 그러다 보면 바라던 꿈, 원하던 목표에 한걸음 바짝 다가설 수 있지 않을까요?

꿈을 날짜와 함께 적어놓으면 목표가 되고 목표를 잘게 나누면 계획이 되며 그 계획을 실행에 옮기면 꿈은 이루어진다고 합니다.

혹시 모를 일이죠. 작은 메모 한 장이 여러분을 바라던 일, 원하는 곳으로 데려다 줄지….

메모로
나를 경영하라

메모로 하는 제스처

메모의 역할 중 하나는 그 행동 자체가 하나의 제스처가 될 수 있다는 것입니다. 제스처는 의미를 담은 행동을 말합니다. 연예인들이나 정치인들이 많이 사용하죠. 특히 정치인들은 말, 정책, 옷차림, 행보 등을 통해 자신의 의견이나 생각, 향후 정치 향방을 표현하기도 합니다. 예를 들어 국무장관을 지낸 매들린 올브라이트는 해외 순방 때마다 다른 브로치를 착용해서 회담에서의 발언 방향이나 정치적 이슈에 대한 입장을 표명하곤 했습니다.

한국의 정치인들도 이런 제스처로 메모를 종종 사용합니다. 최근 여당 당대표의 메모 노출과 관련해서 설왕설래가 있었는데 그 핵심 중 하나는 이걸 일부러 언론에 노출했느냐 안 했느냐였습니다. 그러나 대부분의 정치인들은 자신들의 메모가 부지불식간에 노출이 되는 걸 막고, 또 노출되더라도 그 의미를 못 알아보게 작은 수첩을 쓰거나 기호, 암호, 흘려쓰기 등을 사용합니다. 중요한 메모인 경우에는 메모를 본 후 없애버리기도 합니다. 마치 첩보 영화처럼 말이죠.

정치인들은 또 회담이나 대통령 면담, 지역구를 방문할 때도 꼭 수첩을 휴대합니다. 특히 지역구에서는 이 수첩을 자주 꺼내듭니다. 일하는 걸 티 내는데 수첩만큼 좋은 것도 없기 때문이죠. 수첩에 메모하는 모습을 통해 지역 주민의 목소리와 현장의 의견을 꼼꼼히 듣고 경청한다는 메시지를 전달합니다.

대통령이나 종교계, 정치계 어른을 만날 때 꺼내는 수첩은 존경의 표현이 되기도 합니다. 고견을 한마디도 놓치지 않겠다는 낮은 자세를 표현해 주기 때문이죠.

요즘엔 스마트폰의 메모 기능을 사용하면서 메모의 제스처 기능이 많이 떨어진 것도 사실입니다. 대화 중에 스마트폰을 꺼내는 것은 아무래도 경박해 보이기 때문이겠죠. 또 대화 내용 전체를 녹음한다는 것은 말을 하는 사람을 압박하는 장치로 작용할 수 있기 때문에 정치인들도 꺼려하는 것 같습니다. 그래서인지 정치인들은 여전히 수첩을 많이 사용합니다.

인간의 진정성을 보여주는데 육필만한 것이 없기 때문일 겁니다.

이쯤 되면 메모도 처세술의 한 방편이 된다고 볼 수 있지 않을까요?

메모로
나를 경영하라

메모,
일단 시작하라

만화가 허영만 씨는 메모를 해야겠다고 작정을 하고 밖을 나선다고 합니다. 많은 사람들의 이야기와 표정, 거리의 장면, 불쑥 떠오르는 생각들을 메모의 대상으로 찾아 나서는 거죠. 하지만 일반인들이 수시로 메모하기란 쉽지 않습니다. 또 일상에서 어디에 어떻게 메모를 해야 효과적인지 확신하기도 어렵습니다.

저만의 메모 방법을 소개해 보겠습니다.

저는 개인적으로 수첩이나 노트보다는 포스트잇을 자주 사용합니다. 포켓용 수첩의 각 장마다 노란색 포스트잇을 붙여놓고, 아이디어나 기록할 것이 생기면 곧바로 적은 다음, 이를 시간 날 때마다 다시 노트나 에버노트에 옮겨 적습니다. 두 번씩 적는 수고를 왜 하느냐고 의문을 갖는 사람도 있겠지만 정보라는 것은 헤아릴 수 없을 만큼 종류가 많기에 제 경우에는 포스트잇으로 메모를 떼었다 붙였다 하면서 정보를 분류하는 것입니다.

이러는 동안 눈에 익어 저절로 외워지는 부수적인 효과도 있습니다.

이 과정에서 정보의 가치와 성격이 정해집니다. 정보의 가공이라고 하면 적절한 표현이 될까요? 단순히 메모만 한다고 해서 그것이 온전히 자기 것으로 되는 건 아닙니다.

명함을 받게 되면 저는 명함 뒷면에 언제, 무슨 일로 만났는지 같은 특징적인 것을 적습니다. 어떤 사람은 그 사람의 외모를 기억하기 위해서 비슷한 유형의 닮은꼴을 대입시켜 적기도 한답니다. 예를 들면 '배우 누구 닮은 분', '소 눈처럼 순한 눈을 가진 남자' 말예요. 이렇게 명함에 그 사람의 생명을 불어넣지 않으면 명함 속 이름은 그 사람의 직함과 함께 그저 죽은 활자에 지나지 않습니다.

앞서 얘기한 장횡거처럼 먹과 종이와 붓을 곁에 두고 좋은 생각이 떠오를 때마다 기록하지는 못해도 저는 그 대신 집이나 사무실 곳곳에 화이트보드를 걸어 놓고 메모를 합니다. 집안 곳곳에 펜과 수첩을 비치하는 것보다는 썼다 지웠다 하기 쉬운 화이트보드를 걸어 놓는 것이 부담 없이 오며 가며 메모를 할 수 있어서 훨씬 편하고 좋거든요.

하지만 메모에 익숙지 않은 사람은 펜과 종이, 포스트잇이나 화이트보드가 있다고 해서 선뜻 메모를 시작하기가 쉽지 않습니다. 그럼 어떻게 하냐구요? 비법은 없습니다. 일단 뭐라도 써야합니다. 생각이 나는 대로 문법과 글자의 아름다움을 잠시 접어두고 부지런히 그냥 쓰면 됩니다.

종이, 붓, 먹, 벼루 4가지 도구를 가리켜 문방사우(文房四友)라고 하는데, 저에게도 문방사우가 있습니다. 바로 연필, 메모지, 가위, 풀입니다. 초등학교 시절부터 중요한 내용을 메모하기 위해 사용하는 연필과 메모지, 그리고 신문 등에서 필요한 정보를 발견하면 바로 자르고 붙이기 위해 사용하는 가위와 풀을 40여 년이 훨씬 지난 지금까지도 가까이 하고 있습니다. 책상 위, 침대 옆 탁자 위, 자동차 뒷좌석, 그리고 가방 곳곳에 자리 잡고 있으면서 나의 일상을 기록하고 정보를 습득하는 역할을 담당합니다.

여기서 끝이 아닙니다. 문방사우와 함께 자르고 붙이고 쓰여진 메모와 정보들은 데이터베이스화하는 과정을 거치게 됩니다. 신문 스크랩 구분표에 의해 스크랩된 정보와 연간, 월간, 주간, 매일 순으로 작성된 메모는 시간별, 역할별, 내용별로 구조화시켜 데이터베이스화합니다. 이를 통해 정보의 검색과 갱신이 효율적으로 이루어지며 정보의 재창조와 공유 또한 원활하게 진행할 수 있게 됩니다.

세월이 흐르면서 풀 대신 스카치테이프를 종종 활용하는 것이 조금은 달라진 점이지만, 앞으로도 연필, 메모지, 가위, 풀은 내 곁을 지키는 소중한 벗으로 남아있을 것입니다. 여기에 스마트폰이나 PC같은 온라인 매체를 추가시켜야겠군요.

앞서 언급했듯이 저는 지금도 문방사우를 책상 위나 침대 옆 탁자 위, 그리고 자동차 뒷좌석과 들고 다니는 가방 안에 언제나 대기시킵니다. 신문, 잡지에 게재된 좋은 글이나 정보를 사냥(스크랩)하기 위해서죠. 집에서 책을 읽을 때는 옆에 노트를 펼쳐놓고, 회의 시에는 수첩을, 차 안에선 메모지를, 급할 때는 손수건이나 냅킨에도 메모를 합니다.

딱히 어떤 특정한 때가 있는 것도 아닙니다. 대화를 하던 중이나 신문이나 잡지, 책을 읽다가도 눈에 띄는 것이 있으면 언제든지 적으면 됩니다. 물론 공식적인 회의나 인터뷰가 아닌 대화를 나눌 때 메모를 하는 것은 예의에 어긋날 수도 있으니 주의해야겠죠. 특히 상대방이 나보다 나이가 많거나 직장 상사인 경우에는 더 그렇습니다.

저도 과거 삼성그룹 비서실에서 정보조사 업무를 담당할 때 손님과 마주 앉아 얘기를 나누다가 좋은 정보와 참고할 만한 말이 있길래 잠깐 실례하겠다고 양해를 얻은 뒤 화장실에 가서 와이셔츠 소매에 메모를 한 적도 있습니다. 왜냐하면 메모도 기회처럼 순간을 놓치면 사라지기 때문에 그 즉시 기록하지 않으면 잃고 맙니다. 들은 얘기나 떠오르는 생각, 중요한 것을 발견했을 때 그 순간에 메모하지 않고 놓치면 사라지고 맙니다. 기회도 바로 잡지 않으면 영영 놓치게 되죠. 문득 기회에 대해 예전에 들었던 말이 떠오릅니다.

그리스 시라쿠사 거리에는 동상이 하나 서 있는데 그 해괴한 모습을 보고 외부에서 온 관광객들은 그냥 웃고 지나친다 합니다. 하지만 그 밑의 글을 읽어보게 되면 많은 감명을 받게 된다고 하죠.

그 동상의 모습은 이렇습니다. 앞머리에는 머리숱이 무성하고 뒷머리는 대머리인 데다가 발에는 날개가 달려 있죠. 그리고 그 동상 아래에는 이런 문장이 새겨져 있습니다.

'앞머리가 무성한 이유는 사람들이 나를 보았을 때 쉽게 붙잡을 수 있도록 하기 위해서이고 뒷머리가 대머리인 이유는 내가 지나가면 사람들이 다시는 붙잡지 못하도록 하기 위해, 그리고 발에 날개가 달린 이유는 최대한 빨리 사라지기 위해서다.'

그리고 제일 마지막 줄에 이런 글귀가 있다고 합니다.

'나의 이름은 기회'

메모도 기회를 닮아 아무리 중요한 정보라도 그 순간을 붙잡지 않으면 순식간에 도망가버리기에 저도 와이셔츠 소매를 빌어서라도 메모를 한 것입니다.

이렇게 메모를 하겠다는 의지만 강하면 수첩이나 포스트잇 등 필기도구가 없어도 문제가 되지 않습니다. 더욱이 디지털화가 되면서부터는 더 편하게 즉각적으로 메모하는 것이 가능해졌죠. PC와 스마트폰을 활용하면 메모도 손쉽게 할 수 있고 이를 데이터화하는 것도 훨씬 용이합니다. 저장 및 검색이 가능한 것은 물론 메모와 메모를 연결하여 정보를 새롭게 창조하고 메모를 한층 업그레이드시켜 나만의 빅데이터를 만들 수 있게 되었죠. 정보기술의 발달로 메모도 진화하고 있는 겁니다.

스마트폰이나 MP3플레이어의 녹음기능도 요긴하게 쓰이고 있습니다. 특히 상황이 긴박하고 계속 이동해야 할 때는 유용하죠. 태블릿 PC의 메모 기능을 활용하는 경우도 많습니다. 전자펜을 사용해서 간단한 메모나 약도, 기호 등을 그려서 저장할 수 있기 때문입니다. 그래서 대학생들은 교수님이 파워포인트로 강의할 때 그 파워포인트를 바로 태블릿 PC와 전자펜을 사용해 그려서 저장한다고 합니다.

요 근래 가장 각광받고 있는 메모 수단은 역시 스마트폰입니다. 메모장이나 에버노트를 활용해 바로바로 메모를 할 수 있습니다. 특히 에버노트의 경우, 분류별 저장과 검색이 가능해 저장해 놓은 메모를 손쉽게 찾을 수 있다는 장점이 있습니다.

고화질의 스마트폰 카메라도 유용한 메모 수단입니다. 적기에 애매한 상황이 의외로 많기 때문입니다. 예를 들어 엘리베이터나 화장실에서 좋은 문구를 발견했을 때, 서점에서 관심 있는 책의 표지라도 기억해 두고 싶을 때, 또는 책을 읽다가 좋은 문장을 만났을 때 카메라로 찍으면 그것이 곧 메모가 되는 것이죠.

메모를 하기 위해서 새로 도구를 살 필요는 없습니다. 때와 장소를 가리지도 않고 기다릴 필요도 없습니다. 지금 내 손에, 내 앞에 있는 것들을 사용해서 메모의 세계로 한발 성큼 발을 들이밀면 됩니다.

비록 처음에는 밑 빠진 독의 콩나물에 물을 주는 것과 같게 느껴질 지도 모릅니다. 그러나 점차적으로 조금씩 자라는 콩나물의 키를 확인하듯 쌓이는 메모를 보며 뿌듯함을 느낄 수 있을 겁니다.

시작이 반이라는 말이 있습니다. 여러분도 지금 당장 스마트폰의 메모창이나 카메라 기능으로 시작해보세요. 과거 메모는 쓰는 것이었지만 요즘 메모는 터치하는 것이니 얼마나 간편합니까?

메모의 창 너머 또 다른 세상이 펼쳐집니다!

메모, 사금처럼
걸러낼 줄도 알아야 한다

앨빈 토플러는 「부의 미래」에서 압솔리지(Obsoledge)라는 신조어를 만들어냈습니다. '쓸모없다'는 뜻의 'Obsolete'와 '지식'이란 뜻의 'Knowledge'를 결합한 단어로 우리말로는 '무용지식, 쓰레기 지식'이라고 번역됩니다. 지식 축적의 시간이 지식 변화의 시간을 쫓아가지 못해 기껏 쌓아놓은 지식이 쓸모없게 되어버리는 현상을 말합니다.

하루 동안 열심히 일하면서 메모를 하다 보면 제법 메모가 쌓입니다. 이 메모가 일주일, 한 달, 일 년이 쌓이면 그 분량은 감당하지 못할 만큼 상당해지죠. 컴퓨터 하드 용량이 꽉 차게 되면 새로운 데이터를 저장하지 못하는 것처럼 메모에도 과부하가 생깁니다. 그리고 여기에도 압솔리지는 생기기 마련입니다.

하루 종일 메모를 했으면 꼭 정리하고 버리는 시간을 가져야 합니다. 이런저런 이유로 전화나 이메일을 통해 전달을 부탁받은 내용의 메모라면 전달이 끝났으면 없애도 됩니다. 미리 만들어 놓은 분류 체계에 들어가지 않는 정보를 담고 있는 메모라면 보류라고 이름 붙일만한 공간을 만들어 따로 정리해 놓는 것도 괜찮습니다.

 또 일의 급박함에 따라 메모와 나의 거리를 설정해 두는 것도 괜찮은 방법입니다. 오늘 해야 할 일의 메모는 몸에 지니고 있고 일의 시간적 순서에 따라 서랍의 층별로, 책꽂이의 좌우 순서로 배열해 놓는 겁니다.

 물론 처음부터 잘될 리가 없습니다. 메모는 다이어트나 금연과도 같아서 그 자체로 성공하는 게 쉽지가 않습니다. 신년마다 주부들이 가계부를 사고, 학생들이 다이어리를 사고, 직장인들이 회사 다이어리를 준비하지만 그것을 처음부터 끝까지 다 쓰는 사람은 극소수인 것처럼 말입니다.

 그러나 분류와 버림을 먼저 고민하여 메모를 망설일 필요는 없습니다. 옥석을 가려내는 눈은 경험이 쌓이면 자연스레 생깁니다. 일단은 그렇게 많은 메모가 쌓일 만큼 메모를 시작하는 것이 우선입니다. 금을 캐기 위해선 일단 곡괭이를 들고 금광에 가야 하는 것처럼 말입니다.

메모로
나를 경영하라

메모 한 장의 가치

한 장의 종이에서 탄생된 명곡

음악가들의 친필 메모는 경매시장에서 언제나 높은 금액으로 낙찰됩니다. 대표적인 예가 존 레논이 비틀즈의 곡 '어 데이 인 더 라이프(A Day In The Life)' 가사를 적었던 메모지입니다. 이 곡이 실린 '서전트 페퍼스 론리 하츠 클럽 밴드(Sgt. Pepper's Lonely Hearts Club Band)' 앨범은 영국 차트에서 27주 동안, 미국 빌보드 차트에서는 15주 동안 정상을 차지했었죠.

이 곡의 노랫말은 평범한 흰색 종이 앞뒤에 적혀 있습니다. 그런데 이 가사가 적힌 종이 한 장의 경매 예상가격이 50만~70만 달러 사이였습니다. 우리 돈으로 5억에서 8억 사이를 예상했던 것이죠. 그런데 실제로는 120만 달러에 낙찰됐습니다. 무려 14억 원. 어마어마하지 않습니까?

그런데 이보다 더 비싸게 팔린 노랫말이 적힌 메모지가 있습니다. 바로 유명한 포크 록 가수인 밥 딜런이 1965년에 발매한 명곡 '라이크 어 롤링 스톤'(Like a Rolling Stone)의 친필 가사입니다. 이 곡은 미국의 음악 전문 잡지 「롤링스톤」이 '역사상 가장 위대한 로큰롤'로 선정했는데 당시엔 파격적인 형식의 6분 분량의 명곡입니다.

사실 이 메모지도 처음엔 백만 달러에서 2백만 달러 사이에서 낙찰될 거라고 예상됐는데 낙찰금액은 딱 2백만 달러였습니다. 경매에 나온 친필 록 음악 가사 중에서 최고가라고 합니다.

재미있는 건 노랫말이 적힌 종이인데 그건 바로 밥 딜런이 투어 중에 묵은 호텔의 메모지란 사실입니다. 워싱턴 DC에 있는 로저스 미스 호텔의 메모지에 그 명곡이 기록된 것입니다.

[존 레논이 가사를 적은 메모지]

[밥 딜런이 가사를 적은 메모지]

왜 사람들은 이렇게 유명한 사람들의 메모에 관심을 기울일까요? 영화나 드라마의 촬영지가 유명세를 얻으면 사람들로 북적이게 됩니다. 직접 확인하고 싶어 하는 심리 때문일 것입니다.

Chapter I 적자생존 51

이렇듯 명곡의 노랫말이 기록된 메모에 관심이 쏟아지는 것은 그것이 바로 명곡을 탄생시킨 음악가의 생각이 담긴 흔적이기 때문입니다. 정교하게 가공하기 전의, 거칠지만 진솔한 감성이 손수 쓴 글씨에 고스란히 담겨있는 메모를 들여다보는 일, 흥미로운 일이 아닐 수 없겠죠.

반대로 아무리 훌륭한 아이디어라도, 아무리 차별화된 생각이라도 번뜩이는 순간에 그걸 붙잡지 못했다면 명작이 될 가능성을 잃었을지도 모릅니다.

존 레논과 밥 딜런 그들의 메모가 있었기에 명곡이 탄생됐고 더 공감과 사랑을 받는 건지도 모릅니다.

지금 당신의 메모가 훗날 명작, 명곡, 명사의 흔적으로 후대 사람들의 대단한 관심을 받으며 고가의 경매시장에서 치열한 호가경쟁을 벌이게 될지도 모를 일입니다.

IT 전설을 기억하다

스티브 잡스가 작고한지 제법 시간이 지났지만 여전히 그의 이야기는 우리 곁을 맴돕니다. 여전히 아이폰은 삼성 제품과 함께 세계 시장에서 앞서거니 뒤서거니 하고 있고 창조경제를 논할 때 잡스의 차고 창업에 대한 얘기는 늘 화제가 됩니다.

최근엔 한 뉴스가 다시 잡스를 화제의 중심에 세웠습니다.

2012년 5월 29일 몇 장의 종이가 소더비 경매장에 나왔습니다. 언뜻 보면 대학 노트에 공대 다니는 학생이 강의 내용을 메모해 놓은 것 같았습니다. 이 메모는 스티브 잡스의 메모입니다. 1974년 잡스가 19살이던 시절 아타리라는 회사에 다니던 때 작성한 것으로 그의 상관인 스테판 비스트로에게 보내는 메모였습니다.

메모의 내용은 아케이드 게임인 월드컵 사커에 대한 내용입니다. 게임의 기능과 재미에 관한 것이 주 내용이었죠. 잡스는 이 메모에 제목도 붙였습니다. 보고서처럼 말이죠. 'All-One Farm Design'이라는 제목으로 이는 자신이 자주 어울리던 사람들 모임의 이름이라고 합니다.

메모의 낙찰가로 약 1만 5천 달러, 우리 돈 1천 7백만 원을 예상하고 있었습니다. 그러나 사람들의 관심은 급기야 이 판매 가격을 2만 7천 달러까지 치솟게 했습니다. 우리 돈으론 3천만 원이 넘는 금액입니다.

그 이전 해에는 스티브 잡스의 메모를 둘러싸고 더 재미있는 일이 있었습니다.

2011년 1월 초 국내 일부 매체에서 스티브 잡스의 메모가 새롭게 발견됐다고 보도했습니다. 위치도 정황도 구체적이어서 모두들 호기심을 느꼈습니다. 캘리포니아 팰러 앨토의 한 스타벅스에서 커피를 마시던 잡스가 냅킨에 메모를 했는데 잡스가 급한 전화를 받는 사이 종업원이 몰래 가져간 것이라고 했습니다.

메모의 내용은 신년 계획으로 보입니다. 2011이라는 제목 아래 열 가지 구상이 번호가 매겨져 적혀 있었기 때문입니다. 그러나 그 내용을 보면 단번에 가짜라는 게 드러납니다. 물론 나중에 가짜라고 밝혀졌습니다.

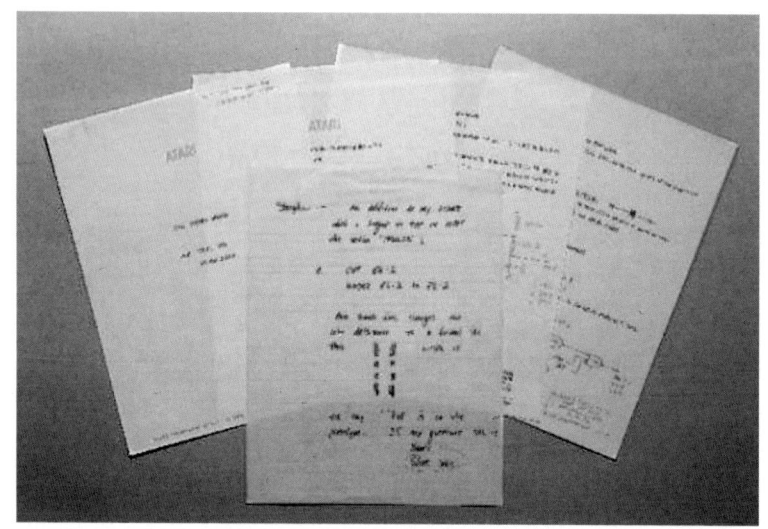

[19세의 잡스가 상관에게 보낸 메모]

예를 들면 두 번째 계획은 '주커버그(페이스북 창업자)에게 짜증나는 전화 더 자주 걸기'이고 '그냥 장난으로 몇몇 어플리케이션 퇴짜 놓기'는 다섯 번째, '직원 생일날 직원 짜르기'가 여덟 번째입니다. 그리고 열 번째를 보면 '스쿠퍼티노(Scoopertino) 폐간 - 정말 재미없어'라고 이 뉴스를 만든 사람들을 밝힙니다.

스쿠퍼티노는 애플과 잡스를 대상으로 유머와 풍자의 글을 전문적으로 올리는 사이트인데 제호 옆에 '가짜 애플뉴스'라고 아예 명기해 놓는 걸로 유명합니다.

진짜든 가짜든 왜 사람들은 여전히 잡스의 메모 한줄에 열광할까요? 여전히 잡스의 자서전을 읽고, 잡스가 죽은 후 애플이 힘들어질 거라는 예상을 보기 좋게 깨고 여전히 아이폰을 살까요? 최근엔 잡스의 첫 번째 컴퓨터 <애플1>이 4억 원에 팔리기도 했는데 제대로 작동도 안 되는 그 골동품을 왜 그렇게 비싸게 샀을까요?

그건 아마도 혁신가의 인생이 우리에게 여전히 영감을 주기 때문일 겁니다. 잡스가 1976년 차고에서 직접 손으로 만든 것을 소유하고 고등학교 때 손수 썼던 메모를 소유하고 가짜로 그의 뉴스를 만들어 공유하는 건 우리가 잡스의 혁신적인 아이디어와 디자인 철학, 그의 삶 전반을 지배했던 새로움을 향한 무한한 도전정신을 흠모하기 때문일 겁니다.

오늘 당신이 적은 한 장의 메모를 얻기 위해 누군가 애쓰게 될 날이 올지는 아무도 예측할 수 없습니다. 훗날 당신의 메모 한 장, 당신이 담긴 수첩 한 권을 얻기 위해 후대의 사람들이 경쟁할지도 모릅니다.

메모하는 당신도 혁신의 아이콘, 도전의 상징이 될 수 있습니다. 작은 메모가 그 시작이 될 것입니다.

[가짜로 밝혀진 잡스의 메모]   [잡스의 첫 번째 컴퓨터 애플 1]

Chapter I 적자생존

명작을 만들다

메모 많이 하는 사람들 중에 예술가를 빼 놓을 수 없습니다. 그 중 분야도 다르고 성격도 다르고 시대도 다른 두 남자의 메모이야기를 해보겠습니다.

먼저 식객을 탄생시킨 허영만 작가입니다. 대한민국에서 허영만 작가와 식객을 모르는 사람도 드물 겁니다. 그만큼 그는 유명 인사가 되어 있고 관련된 얘기도 많습니다.

무엇보다 그는 작품을 위해 아주 열심히 공부하는 사람입니다. 「꼴」이라는 연재만화를 그리기 위해 2006년부터 수요일마다 7시에서 9시까지 두 시간을 관상 수업 시간으로 정했다고 합니다. 역술인 신기원 씨에게서 배웠는데 허영만의 실력이 평생 기른 제자 중 다섯째 안에 든다는 뒷얘기가 전해질 정도입니다. 또한 동의보감에 관한 만화를 그리기 위해 세 명의 한의사로부터 2년 동안 한의학을 배웠는데 앞으로 5년을 더 한다고 합니다. 허영만 작가는 공부를 하는 내내 지각 한 번 하지 않은 성실함을 보였다고 합니다.

허영만 작가는 장인정신이 있는 사람입니다. 90년대까지 만화는 공장에서 찍어 내듯이 작업이 이루어졌다는 사실을 아는 이는 드물 것입니다. 유명한 만화가 밑에 있는 수십 명의 문하생들이 메인작가가 만들어 놓은 대강의 스토리를 완성하여 스포츠 신문에 연재한 후 반응이 좋으면 연재를 늘려가는 식이었습니다. 배경을 그리는 것도 분업화돼서 건물 그리는 사람, 자동차 그리는 사람이 따로 있을 정도였답니다. 물론 허영만 작가에게도 보조작가들이 스무 명 넘게 있었다고 합니다.

그런데 어느 날 그는 이 공장을 과감하게 해체합니다. 공장장 대신 만화가, 즉 장인의 길을 택한 거죠. 결과는 뻔했습니다. 수요를 따라가지 못하는 속도로 인해 다른 만화가들에 비해 잠시 뒷전으로 밀려나 있었지만 부단한 공부와 성실함, 장인정신으로 그는 현재 국민의 사랑을 받는 대표 만화가로 활발한 창작활동을 펼치고 있습니다.

허영만 작가의 이러한 꾸준한 활동의 저력은 메모에 있습니다. 식객을 그릴 때는 스토리 작가와 함께 매달 두 번 전국을 돌았습니다. 그러면서 밥 먹다가 메모하고 자다가 메모하고 길을 걷다가도 메모를 했답니다. 그의 책상에는 덕지덕지 붙은 메모들이 그득합니다. 그리고 메모들을 따로 보관하는 파일들도 있다고 합니다. 주제별, 날짜별로 책상을 가득히 메우고 있는 겁니다.

그 메모가 바탕이 된 식객은 누구도 예상하지 못할 만큼 엄청난 결과를 가져왔습니다. 식객을 출판한 당시 출판사의 대표는 만 부만 팔려도 성공이라고 생각했답니다. 그런데 식객은 무려 삼백 배가 넘는 350만 부가 팔렸습니다.

오랜 시간 누적되어온 메모가 작품이 된 경우도 있지만 취기에, 흥에, 감동에 못 이겨 일필휘지로 쓴 메모가 작품으로 남은 얘기도 있습니다. 바로 박인환 시인의 이야기입니다. 6·25전쟁이 끝나자 피난을 떠났던 문인과 예술인들이 다시 서울에 모여 만남을 이어가고 있었습니다. 전쟁 직후라 너나없이 어려운 시절, 글을 쓰고 그림을 그리고 노래를 부르는 예술인들의 처지는 더 곤궁할 수밖에 없어 명동의 대폿집에 모여서 외상술을 마시곤 했답니다.

그 중 <은성>이라는 곳이 박인환의 단골집이었는데 이날도 친한 지인들과 술잔을 기울이고 있었답니다. 그 멤버가 누구였냐면 시인 조병화와 성악가 나애심, 언론인이자 예술인이었던 이진섭이었다고 합니다. 그리고 이 자리에서 박인환의 '목마와 숙녀'란 시가 탄생되었습니다. 그가 어떤 연유로 시를 지었는지에 대해선 의견이 분분한데 술집 주인이 외상을 더 못 주겠다고 하자 외상값 대신 박인환이 시를 써주면 안 되겠냐고 해서 썼다는 이야기도 있고, 동석한 나애심에게 노래를 한곡 청했는데 나애심이 "마땅한 노래가 없다"고 거절하자 썼다는 얘기도 있습니다.

어찌됐든 박인환은 종이 한 장을 꺼내 시를 써내려가기 시작했답니다. 그런데 옆에서 이를 보던 이진섭이 슬쩍 뺏어서 몇 줄 밖에 안 써진 시를 큰 소리로 읽었는데 너무나 좋았던 겁니다. 평소에 음악을 취미로 삼던 그는 영감이 떠오른 듯 종이를 한 장 꺼내 오선지를 긋고 음표를 그리기 시작했답니다. 마침내 완성된 시에 곡이 더해져 노래가 탄생된 거죠. 이 노래를 나애심이 불렀고 그녀가 자리를 뜨자 마침 당대의 이름난 테너였던 임만섭이 나타나서 또 불렀다고 합니다.

그 이후 이 노래는 삽시간에 명동에 유행하게 됩니다. 이 노래를 본래의 제목인 '목마와 숙녀'보다 '명동 샹송'이라고 부르는 사람이 더 많았다고 합니다. 그 후 한참 세월이 흐른 후 박인희라는 가수가 노래로 불러 일반인들에게 널리 알려졌죠.

한 장의 메모로부터 주옥같은 시 한편이 나오고 명곡이 탄생되었음을 알려주는 일화입니다. 명작은 끊임없는 성실함과 찰나의 영감에서 완성됩니다. 그리고 성실함이 됐든 찰나가 됐든 그것을 붙잡는 사람에게만 허락됩니다.

어쩌면 우리에게도 음악이 됐든 기술이 됐든 누군가의 말이 됐든지 간에 명작을 남겼을만한 섬광이 몇 번은 지나갔을지 모릅니다. 그 찰나를 붙잡아 두는 것은 어쩌면 우리 손가락의 몫일지도 모릅니다. 불완전한 기억을 내 것으로 확실히 붙잡아둘 수 있는 건 기록뿐이니까요.

메모의 달인, 다산 정약용

다산 정약용은 제가 가장 존경하고 좋아하는 위인입니다. 레오나르도 다빈치 못지않은 다재다능한 인물이라고 생각합니다. 저술 활동만으로 국한시키면 다산 정약용이 훨씬 더 월등하다고 봐야겠죠.

다산은 신유박해(1801년)의 영향으로 관직에서 물러나 포항의 장기와 전라도 강진 등지에서 유배생활을 합니다. 그리고 이 기간 동안 무려 5백여 권의 책을 집필합니다. 1년에 25권을 쓴 셈이죠. 이 기간에 우리가 잘 아는 「목민심서」, 「경제유표」 등이 쓰여졌습니다. 형인 정약전 또한 「자산어보」라는 우리나라 최초의 어류 도감을 집필하셨죠.

도대체 어떻게 그 많은 책을 쓰셨을까? 정말 가능한 일이었을까? 궁금해하던 차에 다산 정약용 전문가인 한양대학교 정민 교수의 책을 보고 나서야 그 비밀을 알았습니다. 바로 다산 정약용 선생은 메모의 달인이셨던 겁니다. 다산은 다독을 통해 정보를 수집하고, 그걸 체계적으로 분류 배열을 잘 하였습니다. 그리고 아이디어가 생길 때마다 메모하고 그것 또한 분류해 놓은 후 두 개의 정보를 씨줄 날줄 삼아 책을 쓰셨던 겁니다.
 정약용 선생의 메모 방법 5가지를 소개해 보겠습니다.

 첫째, 책을 읽을 때에는 왜 읽는지 주견을 먼저 세운 뒤 읽고, 눈으로 읽지 말고 손으로 읽어라. 부지런히 초록하고 기록해야 생각이 튼실해지고 주견이 확립된다. 그때그때 적어두지 않으면 기억에서 사라진다. 당시에는 요긴하다 싶었는데 찾을 수가 없게 된다.
 둘째, 늘 고민하고 곁에 필기도구를 놔둔 채 깨달음이 있으면 반드시 기록하라.
 셋째, 기억을 믿지 말고 손을 믿어 부지런히 메모하라. 메모는 생각의 실마리. 메모가 있어야 기억이 복원된다. 습관처럼 적고 본능으로 기록하라.
 넷째, 평소 관심이 있는 사물이나 일에 대해 세세히 관찰해 기록하고 거기에 의미를 부여하라.
 다섯째, 메모 중에서 쭉정이는 솎아내고 알맹이를 추려 계통별로 분류하라. 그리고 현실에 응용하라. 속된 일에도 의미를 부여하고 자신이 정리한 지식체계와 연관시켜라.

 우리에겐 미래가 있습니다. 우리 하나하나가 작품이 될 가능성을 갖고 있습니다. 그 가능성이 열리느냐 마느냐는 어쩌면 아주 작은 노력, 반복하는 무엇에 달려 있을지도 모릅니다. 그리고 그 중 확실한 한 가지는 메모의 습관일 것입니다.

[다산의 어록이 새겨진 비석]

문득 5년 전 강진에 있는 기념관을 방문했을 때 비석에 새겨져 있던 어록이 떠오릅니다.

'동트기 전에 일어나라. 기록하기를 좋아하라. 쉬지 말고 기록해라. 생각이 떠오르면 수시로 기록하라. 기억은 흐려지고 생각은 사라진다. 머리를 믿지 말고 손을 믿어라'

지금 시대에도 우리 모두가 가슴에 새겨야 할 다산의 말씀입니다.

CEO의 습관

국내외에 메모 잘하기로 널리 알려진 사람은 많이 있습니다. 나폴레옹은 전장에 나가는 말 위에서도 독서를 하고 그 내용을 메모하고 발췌를 했다고 합니다. 그래서 그의 두뇌를 서랍식 두뇌라고도 합니다. 그만큼 지식이 서랍처럼 잘 정리되어 있었다는 의미이겠죠.

우리나라 직장인의 롤 모델이라고 할 수 있는 CEO 중에서 메모광을 한번 찾아보겠습니다. 메모광이었던 고 이병철 회장은 비법이 전수되지 않아 후세들이 애를 먹은 고려청자 얘기를 자주 거론하면서 정보공유와 기록의 중요성을 강조했다고 합니다. 아들인 이건희 회장 역시 임직원들에게 정확한 기록만이 실수를 바로 잡을 수 있다면서 녹음기를 선물하다가 얼마 전부터는 만년필이나 휴대 전화를 선물한다고 합니다.

저와 같이 주말을 스크랩으로 보내는 경영인도 있습니다. 강창희 미래와금융 연구포럼 대표가 바로 그렇습니다. 그는 주말이면 트레이닝복으로 회사에 출근하는 일명 주말 출근을 20년째 해오고 있습니다. 출근해서 그는 신문과 잡지를 스크랩하는데, 이것을 다시 투자교육, 증권사 경영, 펀드 등으로 나눠 정리한다고 합니다. 이런 자료 수집과 정리가 밑천이라고 그는 자신 있게 말합니다.

꼼꼼한 걸로는 둘째가라면 서러운 금융업에도 유명한 메모 달인들이 많습니다. 대표적으로는 김남구 한국투자금융지주 부회장이 있습니다. 김 부회장 서랍에는 2년치 수첩이 쌓여 있는데 수첩의 오른쪽 면에는 회의 노트를 하고, 왼쪽에는 전화 메모를 한다고 합니다. 오랫동안 정해진 규칙이라 확인하기 편하고 효율적이라고 합니다. 김 부회장은 한 달에 한 권 정도의 대학노트를 쓸 만큼 메모를 많이 한다고 알려져 있습니다.

강정원 전 국민은행장은 은행장 취임 이후 사석에서 지인들을 만날 때마다 국민은행의 부족한 점을 물으며 메모하는 걸로 유명했습니다. 실제로 '투신상품 종합 시스템'은 이런 노력의 결과라고 합니다.

메모에 관해서 광이라고 해도 모자람이 없는 경영인도 있습니다. 배영호 코오롱 인더스트리 고문은 재미있는 유머에서부터 좋아하는 노래의 노래방 선곡 번호까지 메모한다고 합니다. 특히 유머는 5백여 개를 모아서 자리와 상황에 맞는 유머를 적절히 구사하는 걸로 유명합니다. 또 침대, 화장실 등 집안 곳곳에 메모지가 비치되어 있다고 합니다.

정이만 한화개발 대표이사의 메모 습관도 유명합니다. 그는 1979년 한화에 입사한 이후 매년 회사 다이어리에 일기를 써온 것만 30권이 넘는 걸로 유명합니다. 그 일기장에는 그의 역사와 회사의 역사가 고스란히 담겨 있다고 합니다. 정 대표는 잠결에 벽지에다가도 메모를 한다고 합니다. 심지어 골프장에서 상사의 전화를 메모하기 위해 골프 스코어 카드에 메모를 했다고도 합니다.

그런데 재미있는 건 통화가 길어져서 스코어 카드의 여백이 없어지자 골프화의 하얀 부분에까지 메모를 이어 갔다는 겁니다. 그의 이런 메모 습관은 다른 형태로 발전됐는데 요즘에는 일주일에 한 번씩 전직원에게 CEO편지를 보냅니다. 그 안에는 본인의 경영철학뿐만 아니라 경영 이론, 책 소개 등이 포함되어서 그야말로 정보를 공유하는 소중한 도구로 활용되고 있습니다.

언젠가 같은 비행기를 탄, SDS 사장을 역임한 고 남궁석 전 정통부 장관은 뭔가 생각날 때마다 수시로 메모를 했는데 아마도 업무 관련 사항인 것 같았습니다. 비행기에서 내리자마자 PC통신이었던 유니텔을 이용하여 정보공유 전도사답게 임직원들이 볼 수 있도록 사내게시판에 올리는 것을 목격한 바 있습니다. 이금룡 회장도 메모 잘하기로 유명한 분인데 특히 신문 스크랩에서 부고를 빠뜨리지 않고 챙긴다고 합니다.

물론 이들이 메모만 열심히 했다고 CEO가 되고 성공한 경영인이 된 건 아닐 것입니다. 그러나 그들의 여러 성공 요인 중에는 분명 꼼꼼한 메모도 포함되어 있습니다.

좋은 쪽으로의 변화

메모는 자신을 들여다보는 거울의 역할을 합니다. 트레이너들이 다이어트에 도전하는 비만한 성인들에게 운동과 다이어트 지도를 할 때 가장 먼저 시키는 것 중 하나가 일지를 쓰게 하는 것인데 특히 식사 일지를 꼭 쓰게 합니다. 비만인 사람들이 가장 많이 하는 말이 "물만 먹어도 살이 찌는 체질이다", "하루 세끼만 먹는데 왜 살이 찌는지 모르겠다"라는 것입니다.

그런데 일지를 쓰게 되면 자신이 얼마나 많이 먹고 어떤 음식을 먹기 때문에 살이 찌는지 적나라하게 알 수 있기 때문이죠. 또 하나는 운동 일지와 몸무게 변화도 꼭 쓰게 합니다.

평소 운동을 안 하던 사람에게 운동의 가치를 알게 하는 데에는 운동의 양과 동반해서 변화하는 자신의 체중을 눈으로 확인하는 것만큼 좋은 게 없기 때문입니다. 눈으로 둘의 상관관계를 알게 되면 나중엔 트레이너가 시키지 않아도 운동을 하게 돼 있습니다.

메모를 하지 않아 실수를 반복하게 되면서 저 역시도 메모의 중요성을 절감한 적이 있습니다.

어느 해인가 업무상 제주도에 갔다 오면서 공항 주차대행에 미리 전화를 해서 바로 차를 받도록 하자는 생각을 했는데 막상 제주도에서 비행기 탈 때는 새카맣게 잊어버려 김포공항에서 한 시간이나 차를 기다려야 했습니다. 사소하다고 생각하고 메모를 안한 탓에 한 시간을 낭비한 것입니다. 연애시절에도 약속 장소와 시간이 제대로 메모가 안 돼서 서로 길이 엇갈려 네 시간이나 기다린 적도 있습니다.

아마 여러분은 사소한 메모가 얼마나 나를 변화시킬까 하는 데에 회의적일 것입니다. 그런데 지금부터 주말이나 퇴근 후 TV보는 시간, 아내와 대화를 나눈 시간과 그 내용, 아이와 놀아 준 시간과 그 내용을 메모해 보십시오. 그러면 자신이 가족에게 얼마나 시간을 쓰며, 그 시간이 어떻게 채워지는지 눈으로 직접 확인할 수 있을 겁니다.

남자들이 흔히 하는 말이 생각보다 술 많이 안 마신다, 담배 많이 안 핀다는 것입니다. 그런데 이것을 메모하고 일지를 써보면 주량이나 흡연량의 통계가 대번에 나옵니다. 물론 본인 자신이 사태의 심각성을 절감하게 되겠지요.

변화는 자신의 상태를 객관적으로 확인하는 데서부터 출발합니다. 이 확인의 가장 쉬운 방법이 바로 메모입니다.

아이디어, 메모에서 시작된다

 아이디어는 어디서 나올까요? 뭔가 새로운 것이 갑자기 번뜩이는 걸까요? 아니면 공부나 독서와 같은 누적의 힘일까요? 그것도 아니면 김정운 교수가 말한 것처럼 지식 간의 편집을 통해 구성되는 것일까요? 전 개인적으로 이 세 가지를 다 지지합니다.
 태양 아래 새것이 없다는 말이 성경에 있습니다. 지구상에 없던 것을 새롭게 만든다는 것은 불가능하다는 것이겠죠. 그야말로 새로운 것을 더하는 것은 신의 영역일지도 모릅니다. 사실 과학계에서 하는 일도 우리가 늘 겪고 보고 있는 현상을 하나씩 설명해 나가는 것일 겁니다. 그래서 병을 치료할 방법을 하나씩 찾을 때마다 정복이라는 말을 쓰는 거겠죠.
 아이디어는 일상 속 꾸준함 속에서 탄생됩니다. 그리고 새로운 도전 의식은 변화를 꿈꾸게 하고 꾸준한 노력은 변화를 신화로 만듭니다. 어느 날 섬광 같은 디자인과 대박 제품을 탄생시키기도 합니다.

대표적인 분이 김영세 씨입니다. 김영세 씨는 '냅킨 메모'로 유명합니다. 메모하기로 작정하고 수첩과 펜을 갖고 다니면 아이디어가 잘 안 떠오른다고 합니다. 그런데 무방비 상태로 카페나 식당에 앉으면 아이디어가 떠올라 가까이에 있는 종이인 냅킨에 적는다고 합니다. 그리고 소중한 메모는 지갑 등에 휴대하고 다닙니다. 이노디자인의 회사 로고 스케치는 7년 동안 휴대하고 다녔다고 합니다.

이런 그의 디자인 중에 소위 백만 불짜리 냅킨도 있습니다. 바로 아이리버의 초창기 MP3 플레이어의 디자인입니다. 그는 아이리버에서 MP3 플레이어 디자인을 주도하는 상품들을 계속해서 내놓았습니다. 심지어 빌 게이츠도 감탄했을 정도입니다.

이런 그의 대표작 중에는 소위 가로 본능이라고 불리는 180°로 돌아가는 휴대폰도 있습니다. 그야말로 혁신적인 디자인이었습니다.

[김영세 씨의 냅킨 메모]

Chapter I 적자생존

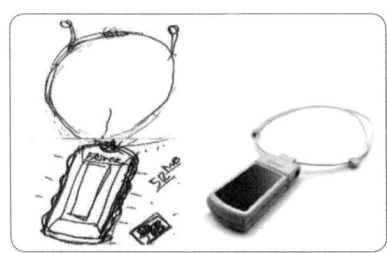 

[MP3 플레이어 디자인 메모]

그의 이런 디자인 능력은 어디서 나오는 걸까요? 우리는 그가 그만의 방식으로 메모한다는 사실에 주목할 필요가 있습니다. 보면 알겠지만 일절 글이 없습니다. 바로 그림으로 메모를 합니다. 또 제품 스케치를 완성품에 가깝게 한다는 것입니다. 이건 무슨 말이냐면 한 제품에 대해서 아주 오랫동안 생각을 하고 여러 아이디어들이 저장되고 조립되어 완성된 시점이 오면 그것이 폭발하듯 스케치로 구현된다는 것입니다.

또 재미있는 사실은 그는 비행기만 타면 좋은 생각이 떠오른다고 합니다. 그건 상황이 일상적이지 않기 때문이라고 합니다. 비행기 안에서

[가로본능으로 유명한 휴대폰 메모]

수많은 냅킨에 스케치를 하고 메모를 하니까 한 번은 승무원들이 스케치북을 선물했을 정도입니다.

항공사의 스튜어디스의 말을 빌리면, 1등석 손님들은 볼펜을 빌려달라고 하지 않는답니다. CEO들은 항상 메모할 준비를 하기 때문이겠죠.

메모는 꾸준한 사고의 순간이 담긴 표현입니다. 아이디어는 어느 한순간 번개 치듯이 오지 않습니다. 김영세 씨처럼 오랫동안 생각하고 아이디어 파편들을 저장하고 그것들을 숙성시키고 조립할 때 그야말로 빅 아이디어가 나오는 것입니다. 아이디어는 로또가 아닙니다. 오히려 아이디어는 농사와 같습니다. 농작물은 농부의 발자국 소리를 듣고 자란다는 말이 있습니다.

아이디어도 마찬가지입니다. 꾸준한 생각이 결국 통찰을 만들어내는 것입니다. 태양 아래 새것은 없습니다. 다만 늘 뜨는 태양 아래서 새로운 내일을 꿈꾸며 자신과 일상을 새롭게 하기 위해 도전하는 사람과 그 사람이 새롭게 만든 지평이 있을 뿐입니다.

메모로
나를 경영하라

메모,
목표로 나아가는 계단

    메모를 하게 되면 그 일을 잊어버리지 않을 뿐 아니라, 나머지 시간 또한 효율적으로 활용할 수가 있습니다. 그리고 메모를 하게 되면 일의 우선순위와 중요도를 판단할 수 있게 되어 복잡한 우리의 두뇌를 간편하고 창의적으로 만드는 데 도움이 됩니다.

    저는 한 주 동안 생성된 메모를 주말에 정리하는 것을 원칙으로 삼고 있습니다. 제일 먼저 일자별 정리를 시작합니다. 지나간 일이라도 일자별로 중요한 것만 골라 적어 넣어두면 추후에 찾아내기가 쉽기 때문입니다.

    그 다음은 주제별로 정리합니다. 육하원칙에 의거하여 메모하거나 정리하는 것은 어렵지만, 목적과 결과만 간략히 적는다면 그리 큰 부담이 되지 않고 정보로 활용하기에도 적절합니다.

    예를 들어, 세미나에 참가하고 나서 보고서를 써야 할 때의 메모 요령은 '무엇을 위한 세미나이며, 어떤 성과를 얻었으며 어떤 점에서 배울 점이 있었다' 정도로 메모하면 훌륭한 메모가 되고, 이를 정리하면 훌륭한 보고서가 될 수 있습니다.

정보화 사회에 살고 있는 우리들은 메모를 잘 활용하면 여러모로 도움을 받을 수 있습니다. 부지런히 메모와 기록물을 데이터베이스화 해두면 인터넷 세상에서 언제 어디서나 자유자재로 그 정보를 꺼내어 얼마든지 무한정 사용할 수 있죠.

예를 들어 친구와 저녁식사를 해야 할 경우, 평소에 만나기 좋은 장소를 메모해두었거나 음식점 명함을 정리해두었다면 쉽게 장소를 선택할 수 있는데, 그렇지 못해 시간을 낭비해가며 음식점을 고르는 경우가 가끔 발생합니다.

저는 중식, 일식, 한정식 등 음식점별로 강남역 근처, 삼성역 근처, 광화문 근처 등 지역별로 구분하여 정리해 두었다가 모임의 성격이나 구성원들의 성향에 따라 비교적 좋은 위치에 있고 모임 성격에 적당한 음식점을 고릅니다.

제주도를 찾는 지인들이 보다 제주도 풍광을 느끼고 맛있는 음식을 맛볼 수 있도록 제주도의 등산로와 음식점, 숙소 등을 직접 그림으로 그리기도 했습니다.

메모는 정보관리의 기장 기초적인 수단입니다. 두뇌 관리와 시간 관리에도 효과적이죠. 메모를 통해 보다 여유롭고 효율적인 삶을 살고 있는 자신을 만날 수 있을 것입니다.

Chapter II

초연결시대의 정보전략

메모와 기록으로 지식을 만들어라

메모로 나를 경영하라

내 경험의 모든 것을 데이터베이스화 하라

　정리 정돈된 Data를 Information이라 하고, 이를 분석하고 평가하고 해석한 것을 Intelligence라 하는데, 우린 이를 뭉뚱그려 '정보'라고 합니다. 그런데 이 단어들은 또 다른 뜻을 갖고 있습니다. 군사학에서는 Information을 '첩보'라고 번역하고, Intelligence를 '(유용한) 정보'라고 하는데 그래서 CIA의 I를 Intelligence라 쓰고 있는 것이죠.
　최근 빅데이터도 결국 이 과정을 거쳐 유용한 정보를 찾아 해석해내는 것입니다.
　발명보다 발견이 더 중요하고 이를 활용하는 것이 가치 있는 일이라 생각합니다. 정보가 현장에서 사용될 때 그것은 조직의 지식으로 전환될 수 있습니다.
　정보화 사회에서는 어떤 정보나 아이디어를 어떻게 자신의 것으로 만들어 활용하느냐에 따라 그 사람의 가치와 성패가 좌우됩니다. 요즘 같은 세상에는 마음만 먹으면 얼마든지 정보를 구할 수 있고 또 많이 보고 듣고, 생각하다 보면 좋은 아이디어도 나옵니다. 그런데 아무리 좋은 정보, 기발한 아이디어라도 눈과 머릿속에 있어서는 소용이 없습니다. 이때 필요한 것이 바로 메모입니다. 자신의 것으로 만들어 활용하기 위해서는 메모가 필요합니다.

메모는 정보 관리의 기초이자 많은 정보들을 갈무리하는 '정보 테크'의 기본 수단으로까지 평가되고 있습니다. 자신이 축적한 정보는 다른 사람과 차별화된 경쟁력이 되고 그 정보를 필요한 사람에게 전달하면 시너지 효과로 이어집니다.

그렇다면 어떤 걸 메모해야 할까요? 저는 이렇게 답을 하고 싶습니다. 가능한 자신의 모든 경험을 메모하라고 말입니다. 오늘 신문에서 본 중요한 소식, 나의 일과, 책에서 읽은 문장 등을 메모하다 보면 이것이 누적되어 방대한 정보가 되고 나만의 백과사전이자 인생의 이정표가 됩니다.

메모를 통해 하루를 계획하고 일주일을 계획하고 1년을 계획하는 삶을 산다면 그 자체로도 충분히 목표를 이루게 됩니다. 그리고 그 누구도 넘보지 못할 최고의 전문가 위치에 도달하게 될 것입니다.

지금 이 순간부터 시작해 보세요.

일반적인 정보의 구분

	Data		Information	Intelligence
의미	• 단순 사실 • 신호 • 소재 • 발표 자료	소문 루머 찌라시	목적에 따라 정리, 정돈된 의사결정을 지원하는 자료	일정한 절차에 따라 처리되며 가치가 있고 유용한 정보
용어	Data 사실		1차 정보	2차 정보 가공정보
활동	입력		수집	평가 · 분석 가공 · 활용
활동특성	자연적		의식적	목적적

정보에
가치를 더해라

　밀폐된 방 안에 향수병을 열어 두면 향기 분자가 공기 중으로 분산되어 우리는 그 향을 맡게 되는데 시간이 지나 병 안에 있던 향수가 바닥을 드러내면 방 안의 향기는 점점 흐려집니다. 이때 향수병에 향수를 채우기 위해서는 인력이나 동력 등의 에너지가 투입되어야만 하는데 이것이 바로 열역학 제2법칙 '엔트로피 법칙'입니다.

　메모와 정보의 활용에 있어서도 엔트로피 법칙은 적용됩니다. 우리 주위에는 신문, 책, 인터넷 등을 통해 끊임없이 정보가 생성되고 있지만 시간과 에너지를 들여 신문과 책을 읽고 인터넷 검색을 하지 않으면 가치 있는 정보를 찾아내기란 결코 쉽지 않습니다.

　흩어져 있는 많은 정보 가운데 유용한 자료는 취하고 쓸모없는 것들을 버리기 위해서는 별도의 에너지와 노력이 필요하다는 것입니다. 하지만 대부분의 사람들이 정보의 옥석을 가리기 위한 노력과 과정은 소홀히 한 채 자신이 필요로 하는 유용한 정보를 손쉽게 얻으려고만 합니다. 좋은 정보를 얻기 위해선 몇 가지 노력이 필요합니다.

에너지와 시간을 투자해 정보의 진위를 헤아리고 값을 매기는 과정이 필요하다는 것을 기억해야 합니다. 매일 아침 신문 지면을 꾸준히 읽고, 인터넷 키워드 검색을 통해 정보 업데이트 현황을 파악하는 것도 하나의 투자와 노력이 될 것입니다.

또 눈앞에 펼쳐진 여러 정보를 하나로 묶어 종합하는 과정도 필요합니다. Data Warehouse(DW : 창고)처럼 정보의 양이 쌓이게 되면 여기에 휘둘려서 허둥지둥하게 마련이거든요. 하지만 지레 겁먹을 필요는 없습니다. 정보의 갈래를 나누고 종류별로 구분하면 무질서 속에서 질서가 드러나 쉽게 필요한 정보를 가려낼 수 있거든요.

마지막으로 수많은 정보 가운데 가치를 판단하려면 객관적인 분석과 명석한 판단이 필요합니다. 정보의 양이 문제를 해결해 주는 것이 아니라는 뜻입니다. 정보의 양과 복잡함 앞에서 정말 필요한 건 정보의 옥석을 가려내는 혜안입니다.

변례창신(變例創新)이라는 사자성어처럼 하늘 아래 새로운 것은 없습니다. 모든 새 것은 옛 것의 변용일 뿐이어서, 결국 정보의 사용과 활용도 기존에 있던 것을 참고해 새 것을 만들어 내는 것입니다.

불필요한 것은 걷어내고, 안 맞는 것은 버리고, 없는 것은 보태고, 부족한 것은 채워야 합니다. 그것은 펼쳐진 정보를 바라보기만 한다고 되는 것이 아닙니다. 주어진 정보를 나만의 색깔로 나만의 목소리를 낼 수 있도록 하는 분석력과 판단력이 필요합니다. 그리고 그 분석력과 판단력을 얻는 방법은 꾸준한 노력 뿐입니다.

"지금의 당신과 5년 후 당신의 차이를 만들어 주는 것은 그 기간 동안 당신이 만나는 사람들과 당신이 읽은 정보이다"

– 챨리 죤스

새겨들어야 할 말이 분명합니다.

메모로
나를 경영하라

데이터베이스에서
빅데이터까지

나는 정호승 시인을 좋아합니다. 신문을 읽다 정호승 시인의 기사가 나오면 그에 대한 감상을 곧바로 글로 남기곤 합니다. 사적인 글이라지만 좋은 글을 쓰기 위해 먼저 정호승 시인에 대한 과거의 기록물(Database)을 꺼내어 조합, 결합, 해석, 분석, 평가하는 작업을 진행합니다. 그런 다음에 과거, 현재, 미래의 감상을 글로 쓰곤 합니다.

수없이 많이 생성되는 데이터, 정보들 가운데 필요한 것을 추출하고 새로운 정보와 결합하여 또 다른 가치 있는 정보로 탈바꿈시키는 것이 빅데이터 활용입니다.

빅데이터가 가진 대표적인 특징은 데이터의 양(Volume), 데이터 생성 속도(Velocity), 형태의 다양성(Variety)입니다. 여기에 가치(Value)를 덧붙여 다양한 분야에서 새로운 기회를 만들어 가고 있습니다.

통계·기상정보·마케팅·의료·경영 등 많은 분야에서 빅데이터는 다양하게 활용되고 있습니다. 사회가 점점 복잡해질수록, 경우의 수가 많아질수록, 사회 각 분야에서 다양성이 증가할수록 정확하게 예측하고 범주화 해주는 빅데이터 기술은 그 가치가 높아질 수밖에 없습니다.

세계적인 물류업체 UPS는 배송차량들에 센서를 부착해 차량의 속도, 방향, 브레이크 이용, 엔진 및 특정 부품이나 요소들의 성능을 모니터하고 있습니다. 이렇게 수집된 데이터 분석을 통해 트럭 기사들의 사고 위험을 감소시키고 공회전에 따른 연료 낭비와 오염물질 배출을 줄이는데 성공했습니다.

온라인 서점 아마존도 빅데이터를 적극 활용하는 기업입니다. 모든 고객의 구매내용을 데이터베이스에 기록하고, 이 기록을 바탕으로 소비자 취향과 관심사를 파악한 후, 고객에게 '추천 상품'을 제시하여 30%의 매출 증대를 기록했습니다.

모바일·클라우드·소셜 컴퓨팅이 확산되면서 합리적인 의사결정과 빠른 문제 해결 등을 위한 빅데이터 활용이 점차 증가되고 있습니다. 이미 빅데이터는 거스를 수 없는 거대한 흐름입니다.

앞으로 데이터의 숨은 가치를 발견할 수 있도록 데이터를 설계하고 활용하는 능력이 관련 기업들의 핵심 경쟁력이 될 것입니다. 그러나 너무 어렵게만 생각할 필요는 없습니다. 아날로그적인 데이터 수집과 분류를 신문을 통해 연습하는 것부터 시작하면 됩니다. 신문 안에서 발견한 관심 있는 키워드를 찾아 정리하고 필요할 때 활용하는 습관을 기르는 것이 정보관리와 빅데이터 활용의 시작입니다.

CTO – 건배최고책임자
(Chief Toast Officer)

　살다보면 의외의 상황에 메모가 요긴하게 쓰이는 것을 보게 됩니다. CEO가 되고 나서는 좋은 건배사를 위해 메모를 사용하곤 합니다. 사실 건배사라는 게 뻔합니다. "위하여"나 "파이팅!" 같은 그야말로 단답형의 복창형이 제일 많죠. 리더가 선창하면 그냥 따라하는 식 말입니다. 그런데 이런저런 모임에 나가다 보니 건배사 하나로 리더의 유연함과 창의력이 달라 보인다는 걸 알게 됐습니다. 또 건배사는 주로 모임의 시작에 하는데 재미있는 건배사를 하게 되면 모임 자체가 부드러워지고 화기애애해진다는 걸 알게 됐습니다.

　그래서 저도 좋은 건배사를 들으면 기록하거나 새롭게 창안해서 메모하기 시작했습니다. 특히 좋은 건배사를 들었을 때 메모를 하는 데에는 평소 순간 메모에 강한 저의 장기가 큰 도움이 됐죠.

　저도 물론 처음부터 멋지게 건배사를 할 수 있던 건 아닙니다. 검증도 없이 건배사를 하지도 않습니다. 어디서 좋은 건배사를 듣거나 생각이 나면 먼저 에버노트에 기록합니다. 그리고 아내를 대상으로 시범을 합니다. 아내가 즐거워하면 반은 성공한 것입니다. 그리고 크고 작은 모임에서 건배사를 시연해봅니다. 다들 즐거워하고 반응이 좋으면 제 건배사 목록에 저장되는 것이죠. 이런 경험이 누적되면 천 명이 모인 자리에서의 건배사도 긴장하지 않고 하게 됩니다. 가끔은 제가 해야 할 자리가 아닌데도 주변에서 추천해 건배사를 하기도 합니다.

그럼 좋은 건배사의 조건은 뭘까요? 일단 모임의 성격과 상황에 맞는 건배사를 하는 게 중요합니다. 또 선창하는 사람이 길게 하고 따라 하는 대중이 짧고 기운차게 할 수 있어야 호응도 크고 신이 날 것입니다.

예를 들어 제가 먼저 "아끼고 사랑하자" 그러면 모두들 "아~앗싸!"하는 식으로 말입니다. 상상만 해도 즐겁지 않습니까?

누구나 알만한 대중가요의 가사를 응용하는 것도 괜찮습니다. 예를 들어 김세환 씨의 <사랑하는 마음>의 가사인 "천만번 또 들어도 기분 좋은 말"을 노래로 선창하면 모두들 "사랑해"라고 노래로 후창하는 것입니다. 동창회나 부부동반 모임에서 하면 좋겠죠?

임직원들 모임에서는 화답형 건배사도 인기입니다. 리더가 "비행기(비전을 가지고 행동하면 기적을 이룬다-먼저 뜻을 설명해야겠죠?)"라고 먼저 외치면 모두들 "날자!"하고 후창하거나, "미사일(미래의 사랑과 일을 위하여)"하고 외치면 "발사!"하고 화답하는 것입니다. 조직의 화합이나 단결을 표현하는 건배사면 더 좋을 것입니다.

이렇듯 건배사를 주도하게 되면 의외로 여러 가지 부수적인 효과가 있습니다.

　상황과 분위기에 맞게 건배사를 하는 모습을 보여주면 아무래도 유머러스하고 유연한 사람으로 비치게 됩니다. 또 사소한 것이라도 늘 개발하고 발전하는 사람으로 보여지죠. 그렇게 되면 아무래도 인간관계에 도움이 됩니다.

　건배사를 통해 성격이 변한 사람도 있습니다. 예전에 임직원들과의 모임에서 자신감 고양 측면으로 건배사를 돌아가며 하자고 제안한 적이 있습니다. 단서를 붙였는데 "위하여"는 절대 안된다고 했죠. 다들 열심히 준비해왔습니다. 인터넷을 검색하고 여기저기서 건배사를 듣고 메모해 왔습니다. 재미있는 구호들은 팀의 구호가 되기도 했습니다. 그런데 아무래도 사람 앞에 나서는 걸 어려워하고 대중 앞에서 쉽게 낯을 붉히는 사람들은 건배사도 힘들어합니다.

　그 중 한 부서장은 사람들 앞에 서면 말을 더듬고 얼굴도 심하게 붉어지는 대인 기피증 비슷한 것이 있었는데 일년 정도 건배사를 돌아가면서 하다 보니 사람이 달라졌습니다. 일년 후에는 웅변조로 우렁차고 멋지게 건배사를 해서 우리 모두를 깜짝 놀라게 했던 것입니다. 사소한 제안과 그 제안을 위한 창의적 노력, 그리고 스스로 변화하려는 노력이 합쳐져 부서장의 인생이 변하게 된 것입니다. 건배사 하나로 말입니다. 오늘 밤 회식에서도 기억에 남을 멋진 건배사로 그 자리의 주인공이 되길 바랍니다.

메모로
나를 경영하라

정보 vs 보안

　정보화에는 순기능과 역기능이 있습니다. 정보공유와 보안은 동전의 앞과 뒤처럼 상반되는 개념인데, 정보공유를 확산시키는 데는 철저한 보안관리가 전제되어야 합니다.
　정보화의 대표적인 역기능으로 떠오른 '해킹'은 원래 미국 MIT 대학 내 철도 기술 클럽의 은어에서 비롯된 말입니다. 넓은 의미로는 해커들이 저지르는 모든 불법적인 행위를, 좁은 의미에서는 정보시스템 전산망에서의 보안 침해사고를 발생시키는 행위들을 가리키는 '해킹'의 역사는 1950년대까지 거슬러 올라갑니다.
　1950년대에 제1세대 컴퓨터 프로그래머인 학구파 해커들이 처음으로 등장했습니다. 이들은 정보는 자유롭게 공개되어야 한다는 이념 하에 '정보의 자유'란 검열과 소유권이 없는 것이라 주장하며, 해킹이란 작업과정 그 자체에서 순수한 즐거움을 느끼며 활동했습니다.

1970년대에는 미국의 애플, 마이크로소프트사 등을 탄생시킨 천재적인 해커들이 등장하면서 화제를 모았습니다. 3세대로 불리는 1980년대 초반 해커들은 컴퓨터에 영혼을 불어 넣는데 관심을 쏟았습니다. 또한 일반인이 쉽게 사용할 수 있도록 응용 프로그램과 교육, 오락 프로그램을 만드는 데도 열심이었죠. 90년대 중반 컴퓨터가 일반화되면서 등장한 4세대 해커들은 컴퓨터를 통한 대화에 치중했고, 그 결과 인터넷의 발전을 이끌었습니다.

과거 해킹은 네트워크나 운영체제 프로그램의 취약점을 공격해 자신의 능력을 자랑하거나 이익을 취할 목적으로 행해진 것이 대부분이었습니다. 하지만 지금은 정부와 기업의 네트워크에 침투하여 혼란을 가중시키고, 국가나 단체에 대항하는 압력수단으로까지 이용되는 등, 심각한 사회문제로 떠오르고 있죠.

특히, 정보통신망이 잘 갖춰진 우리나라는 해커들의 놀이터가 될 가능성이 커서 국가·민간이 합심하여 대응해야 합니다.

균형 있게 발전하는 정보화를 위해 기본적으로 고려되어야 할 부분이 바로 정보보안입니다. 주요 정보통신망의 안전 등 국가 안보와도 직결되며, 전자상거래 및 다양한 종류의 온라인 서비스 등 인터넷을 통한 비즈니스를 안전한 기반 위에서 가능하게 하는 가장 필수적인 영역이기 때문입니다.

시큐아이란 보안업체를 설립하게 된 배경 중 하나는 정보공유 문화의 부재를 타개하고 정보를 안전하게 필요한 사람들이 공유하도록 하기 위해서였습니다. 철저한 보안이 보장되면 누구나 정보를 공유하고 재활용할 수 있으리라는 판단에서였습니다. 또한 그 분야의 담당자가 기업을 떠나더라도 그동안의 지식이나 노하우 등을 기록으로 남기면 후임자가 공유할 수 있게 됩니다. 오랜 시간에 걸쳐 몸에 밴 메모하는 습관이 정보의 중요성을 절감하게 만들었고, 이를 잘 보존하고 지키기 위해 시스템 차원에서 접근한 것이 보안 사업으로 이어진 것이죠.

또한 남북 대치상황과 세계경제전쟁에서 귀중한 정보자산을 지키고 사이버 보안을 강화하는 것은 곧 사업보국의 이념과 같기에 삼성에서 선견지명으로 투자하게 된 이유이기도 합니다.

'정보보안'은 그 중요성만큼이나 장기적인 관점에서 추진되어야 합니다. 여기에 국가 차원에서 이뤄지는 체계적이며 종합적인 보안정책 수립 뿐 아니라, 기업들이 주기적으로 진행하는 ICT 자원들의 취약점 분석, 취약점에 대한 지식관리(Knowledge) 시스템 구축 등의 기술적인 관리와 더불어 인력과 솔루션 투자가 뒷받침되어야 합니다. 그리고 개별적인 시행이 아닌 모든 기관이 결집하여 '정보보안'을 실천하는 것이 중요합니다. 그래야만 가장 높은 보안 효과를 가져올 수 있기 때문입니다.

정보보안 문제는 우리가 앞으로 해결해야 할 과제이자 풀어야 할 가장 중요한 사안이기에 최근 정부에서도 청와대 안보특보를 신설하는 등 발빠른 움직임을 보이고 있으나, 여전히 보안투자가 저조해 투자활성화가 시급한 실정입니다.

메모로
나를 경영하라

IoT는
보안이 생명이다

현재 IT업계의 최대 화두는 사물인터넷(IoT : Internet of Things)이라고 할 수 있습니다. 1999년 이 개념을 처음 도입한 MIT의 캐빈 애시턴은 사물인터넷을 '인간과 사물, 서비스 세 가지 분산된 환경요소에 대해 인간의 명시적 개입 없이 협력적 센싱, 네트워킹, 정보처리 등 지능적 관계를 형성하는 사물공간 연결망'이라고 정의했습니다.

쉽게 말해 사람과 사물이 네트워크에 의해 연결된다는 것이죠. 2020년 이후에는 50억 명의 사람들과 500억 개의 기기들이 네트워크에 연결되는 시대가 될 것이라는 예측도 나오고 있습니다.

사람과 사물의 연결을 경우의 수로 따져보면 거의 무한에 가깝다고 할 수 있는데 IoT에 대한 기대가 폭발적인 것도 바로 이 때문입니다. 한정된 자원 속에서 성장의 정체라는 위기를 느끼고 있는 우리에게 IoT는 창조 그 이상의 것으로 다가오고 있는 게 분명합니다.

이미 스마트 홈, 스마트 헬스케어, 스마트 카, 스마트 그리드 등 주거, 의료, 차, 에너지 등 다양한 분야에서 사업이 활발하게 진행되고 있습니다. 이제 머지않아 집안의 온도가 자동으로 조절되고 아침 기상과 동시에 몸 상태가 체크되어 의사의 처방이 이루어지는 것이 현실화될 겁니다. 선박이나 항공기 등에 적용되면 이상 신호를 미리 감지해 사고에 대비할 수도 있게 될 거구요.

우리의 미래를 바꿀 IoT를 확대하기 위해서는 우선 서비스가 중심이 되어야 합니다. 지금까지는 사물간 연결에 초점을 둔 Intranet of Things의 개념이 지배적이었죠. 때문에 모니터링이나 원격 제어 같이 사물들의 연결을 최우선으로 하는 형태의 서비스 모델이 주를 이루었습니다.

그러나 이제는 그 관점이 서비스로 바뀌어야 합니다. 소비자의 니즈에 가장 적합한 서비스를 구현하는 형태가 되어야 하겠죠. 특히 각기 다른 산업 분야들이 상호 연결되어 축적된 빅데이터를 분석해 그에 기반한 다양하고 창의적인 서비스가 창출될 수 있도록 해야 합니다.

서비스가 중심이 되는 IoT시장에서는 특정 기업이 시장을 독식하는 것이 아니라 고객을 이해하고 그에 맞는 서비스를 제공하는 기업이 강력한 영향력을 행사할 수 있게 될 것입니다.

그리고 보안이 뒷받침되어야 합니다. 일전에 발생했던 주요 통신사 디도스 공격에 가정에서 흔히 사용하는 무선공유기가 이용된 것으로 드러났습니다. 이는 문제 발생시 대처가 어려운 IoT 기기를 좀비로 만든 사례로 IoT 보안 위협이 현실화됐다는 것을 여실히 보여주는 사건이라 할 수 있습니다.

스마트 오피스, 스마트 홈이 대중화될수록 이와 관련된 보안 위협은 더욱 커질 것으로 보입니다. 사람과 사물의 연결이 늘어나면 늘어날수록 보안취약점은 더욱 증가할 수밖에 없게 되겠죠.

이런 점에서 미래창조과학부가 안전한 IoT 이용환경을 위해 'IoT 정보보호 로드맵'을 수립한 것은 매우 다행스러운 일이 아닐 수 없습니다. 이를 기반으로 제품이나 서비스 설계 단계부터 철저하게 보안원칙이 적용되어야 하며, 체계적인 대응체계 하에 사고에 대한 대응력도 높여야 합니다. 보안을 등한시하다 보안 위협에 IoT산업 자체가 발목 잡히는 불상사는 없어야 할 것입니다.

마지막으로 정부의 강력한 지원이 필요합니다. IoT는 차세대 성장동력이자 우리의 미래를 바꿀 수 있는 혁신동력인 만큼 국가적인 관심과 지원이 필수적입니다. 전세계 IoT 분야의 25% 이상을 차지하고 있는 중국은 2020년까지 6,000억 달러(약 609조7,200억 원)를 투자하는 정부의 전폭적인 지원 덕에 IoT 강국으로 도약하고 있습니다.

우리 정부도 IoT 성장을 위한 기본계획을 발표하며 2020년까지 국내 시장규모를 30조 원으로 확대하겠다고 밝혔습니다. 또한 IoT 서비스 모델 발굴을 위한 지원을 위해 IoT 실증단지를 조성할 계획도 수립하고 있죠. 그러나 이에 그쳐서는 안 됩니다. 많은 기업들의 IoT산업 참여를 확대하고 실질적인 성과를 거둘 수 있도록 보다 현실적인 지원이 지속되어야 합니다. 뿐만 아니라 IoT산업 발전을 저해하는 규제와 제약을 없애는 노력도 함께 이루어져야 합니다.

지난 2014년 7월 가트너가 발표한 '신기술 주기 곡선'을 보면 IoT에 대한 기대치는 거의 정점에 이르고 있습니다. 미국 경제동향연구재단(FOET) 제러미 리프킨 소장은 제3차 산업혁명의 핵심으로까지 지목하고 있을 정도죠. IoT를 확산하고 성공시키기 위해 필요한 것은 우리 모두의 실천임을 명심해야 합니다.

정보공유와 정보보안은 동전의 앞과 뒤, 양날의 칼

　어떤 사람에게는 매우 중요한 정보가 어떤 이에게는 하찮은 정보가 될 수 있습니다. 반대로 쓸모없게 보이는 지푸라기 정보도 공유하면 귀중한 정보가 되죠. 똑같은 정보라 할지라도 활용하는 사람과 상황에 따라 그 가치가 달라지는 것입니다.
　정보를 서로 교환하다보면 정보의 시너지가 생깁니다. 즉, 정보를 공유시킴으로 해서 귀중한 정보자산의 가치가 다른 사람에게 전달되어 비용을 크게 추가시키지 않아도 재활용할 수 있다는 장점이 발생하는 거죠.
　그러나 사소한 실수나 고의적으로 정보공유가 제한된 사람에게 정보를 유통시킴으로써 그 다음부터는 정보공유가 이루어지지 않는 경우가 비일비재하게 일어납니다. 이렇듯 정보보안에 문제가 발생하는 경우에는 정보공유가 제한될 위험이 생기게 됩니다. 완벽한 보안을 함으로써 정보공유가 활성화 된다는 뜻이죠.

2000년도에 삼성에서 e-삼성을 추진할 때도 정보보안전문회사인 시큐아이를 먼저 설립하고 나서 인터넷 비즈니스를 추진하게 된 것도 같은 맥락이라고 볼 수 있습니다. 또한 정부나 기업에서 내부 정보공유시스템을 운영할 때 ID, PW를 철저히 관리하는 것도 보안시스템이 제대로 작동될 때 정보공유가 극대화되기 때문입니다.

정보의 등급을 부여하고 등급별로 정보의 접근 권한을 부여하는 방법이 최적의 정보관리시스템이라 할 수 있습니다.

메모로
나를 경영하라

정보, 공유하고 나눠라

4년간의 미국 주재원 시절 동안 가장 기억에 남는 것은 가족들과 함께 한 여행입니다. 일주일 정도 일정으로 직접 차를 몰고 여러 차례에 걸쳐 여행을 했는데, 낯선 여행길에서 큰 도움이 된 것은 곳곳에 있는 정보센터 (Information Center)였습니다.

고속도로를 따라 여러 주를 거치면서 만나게 되는 휴게소에는 그 지방의 역사와 관광지를 안내해주는 정보센터가 항상 있었습니다. 물론 지도를 갖고 여행을 떠나긴 했지만, 정보센터에서 나눠주는 팸플릿이나 책자를 이용하면 목적지를 찾기가 훨씬 쉬운데다 생각지 않은 볼거리를 만나는 즐거움도 있었습니다.

많은 비용을 들이면서 지역마다 정보센터를 만들어 안내원을 두고, 책자나 팸플릿을 배포하는 이유는 무엇일까요? 이는 여행객에게 필요한 관광정보를 제공하여 다시 찾아오도록 하기 위한 홍보의 차원과 그리 오래

되지 않은 미국 역사를 보존하려는 노력의 일환일 것입니다.

저는 여기서 정보를 공유하려는 '문화'와 사소한 정보라도 다른 사람이 알기 쉽도록 공개하는 '정보공유 시스템'을 엿볼 수 있었습니다.

정보는 '가치 변환성'이라는 속성을 갖고 있습니다. 이는 나에게는 중요한 정보가 다른 사람에게는 하찮은 것이 될 수 있고, 이와는 반대로 별로 쓸모없는 정보라도 사람이나 때에 따라서 아주 귀중하게 쓰일 수 있음을 의미합니다. 아무리 사소한 정보라도 잘 정리하여 전달하거나 축적해 놓으면 누군가는 그 정보로 큰 도움을 받을 있는 것입니다.

그러나 아직 우리의 '정보공유' 마인드는 매우 부족한 편입니다. '정보공유'보다 정보의 개발과 독점, 즉 '노하우'만을 우선시하여, 습득한 정보를 자신만 소유하려고 자물쇠로 굳게 잠궈버리는 일이 허다합니다. 며느리도 모른다는 신당동 유명 떡볶이 비법이나 고려청자 기법과 같은 기술이 후대로 잘 전해지지 않는 것도 같은 맥락입니다.

정보공유를 효과적으로 하기 위해서는 첫째, 정보를 매개로 커뮤니케이션을 지속하는 습관을 가져야 합니다. 하나의 정보를 얻으면 그에 대한 감사의 표시로 '잘 받았다'는 답신을 하면 정보제공자는 자신의 정보가 유용하게 쓰였다는 생각을 하며, 새로운 정보를 또다시 보내게 됩니다. 이러한 지속적인 커뮤니케이션 과정을 통해 정보공유는 더 활발해집니다.

둘째, 정보는 수집한 즉시 전달합니다. '잠자는 동안 들려온 좋은 소식은 잠을 깬 후에 전해도 되지만, 좋지 않은 소식은 잠자는 것을 깨워서 바로 보고하라'는 나폴레옹의 'Bad news first!'처럼 나쁜 정보를 접했을 때는 특히 신속해야 합니다. 빠른 전달을 통해 이를 극복할 수 있는 아이디어나 대

책을 세울 수 있기 때문입니다.

　셋째, 살아있는 정보를 수집하고 공유할 수 있는 다양한 커뮤니티를 형성해야 합니다. 여러 환경에서 서로 다른 경험을 한 사람들끼리 정보교류를 하다보면 정보의 편식을 막을 수 있음은 물론, 정보의 폭도 넓힐 수 있습니다.

　정보를 나누는 것을 두려워하던 시대는 지났습니다. 노하우를 공개하면 자신의 위치가 흔들린다는 생각에서 벗어나 적극적으로 정보공유를 하는 것, 그것이 정보 경쟁력을 높이는 새로운 방법입니다.

　기업의 경우도 마찬가지입니다.

　미국 주재원 시절 한 유치원에 가 본 적이 있습니다. 아이들은 어떤 장난감을 갖고 놀다 5분쯤 지나면 다른 아이의 것과 자연스럽게 바꿔 갖고 놀았습니다. '우리'보다 '나'를 더 내세우는 서양이지만 어릴 때부터 '공유'하는 방법을 배우는 모습이 무척 인상적이었습니다. 미국이 자랑하는 GE같은 기업에서도 오래전부터 정보공유 문화가 정착돼 있습니다. CKO(Chief Knowledge Officer : 지식최고책임자)제도의 도입이 대표적인 예죠. 한때 위기를 맞았던 크라이슬러도 90년대 중반 소형차 네온의 개발단계에서부터 디자이너, 엔지니어, 조립기술자들을 한 팀으로 묶는 혁신을 시도한 적이 있습니다. 이로 인해 구성원들의 정보가 한곳에 모이며 시너지 효과를 발휘, 60개월 정도 걸리는 출고 시일을 반으로 단축시켰고 이것은 크라이슬러의 기사회생의 토대가 됐습니다.

　이처럼 외국의 글로벌 기업들은 가치 있는 정보를 기업 목표에 맞는 지식으로 빠르게 전환, 공유하는 것이 생산성과 경쟁력을 높이는 길임을 절감하고 있습니다. 하지만 우리 국내 기업은 아직까지 '정보의 공유'보다 남과 다른 '노하우'를 갖는 것을 우선시하고 있습니다. 간혹 다른 기업과 제휴를 통해 지식 및 정보공유의 가능성을 내세우는 경우도 있지만 대부분 생색내기에 불과합니다. 정보는 효율적인 분배를 통해 새로운 가치를 갖게 된다는 점을 간과하고 있기 때문입니다.

정보공유 인프라 구축을 위해선 실패한 기업의 정보나 업무실패 사례를 체계적으로 정리, 공유토록 해서 실패의 자산화를 해야 합니다. 또 구성원들의 지식을 모은 '지식 정보 풀(pool)'을 구성해서 직원들이 필요한 정보를 얻게 해야 합니다.

대표적 사례가 태국의 오리엔탈 호텔입니다. 이 호텔은 전 직원이 고객 데이터를 공유, 고객들의 취향 등을 암기하게 합니다. 그 덕분에 이 호텔은 수년째 '세계 최고의 호텔' 자리를 유지하고 있습니다. 기업 내부뿐만 아니라 기업 간, 업종 간 살아있는 정보를 수집하고 공유할 수 있는 다양한 커뮤니티 형성이 필요합니다. 일본기업들은 벤쿄가이(공부회)나 '이업종간 커뮤니티' 등을 통해 정보의 편식을 막으며 비즈니스의 폭을 넓힙니다.

정보는 나눌수록 큰 자산이 됩니다. 기업, 국가에도 똑같은 원리가 적용됩니다. 앞으로는 얼마나 효율적인 '정보공유' 인프라를 갖췄는지가 국가와 기업의 성패 여부를 가늠하게 될 것입니다.

메모로
나를 경영하라

삼성그룹 그룹웨어
'마이 싱글'의 탄생을 이끌다

1981년 삼성물산에 입사해 경리와 관리, 전략기획 분야를 담당했습니다. 그저 평범한 샐러리맨이던 저의 삼성그룹 비서실 발탁은 제 인생에 있어 획기적인 전환점이 되었습니다.

당시 비서실에서 제가 맡은 주요 임무 중 하나는 아침 일찍 출근해 그날의 주요 신문을 스크랩한 뒤 이를 간추려 고 이병철 회장에게 보고하는 것이었습니다. 다른 직원들 보기에 '허드렛일'로 비춰질 수도 있었지만 부지런히 8년간이나 이를 지속했습니다. 따지고 보면 이때 저의 신문 스크랩을 통해 정보를 취합하고 정리하여 메모하는 습관도 체계화되기 시작했다고 볼 수 있습니다.

비서실 근무를 하면서 그룹의 중요한 의사결정이 문서로 계열사 말단에 전달되기까지 시간이 많이 걸린다는 것을 알게 되었습니다. 그리고 '회장 비서실에서만 정보를 조사, 생성하는 것이 아니라 그룹 전체 차원에서 그룹 내 각종 정보를 조사하고 생성하여 공유할 수만 있다면 큰 시너지를 낼 수 있지 않을까?' 하는 생각을 하게 되었습니다.

그룹 내 공유해야 할 정보가 제대로 전달되지 않고 사장되는 경우가 자주 생겨 매우 안타까웠죠. 그룹 내 고위층에서도 물에 잉크 한 방울 떨어뜨리면 확 퍼지듯 정보공유와 소통이 한꺼번에 될 수 있는 시스템이 필요하다는 인식을 하기 시작했습니다.

삼성물산 경리과 근무시 대차대조표, 손익계산서 등 숫자정보를 전산화했듯이 문자정보도 전산화되어 공유하게 될 것이라는 막연한 기대와 믿음도 생겨났죠.

오랜 시간 생각에 머물며 머릿속으로 그려보기만 하던 일을 실행에 옮기기 시작했습니다. 그리고 마침내 그룹 차원에서 정보를 생성, 공유할 수 있는 그룹웨어 시스템 T/F팀을 꾸리기에 이르렀습니다. 그룹의 고위층을 어렵게 설득해 미국과 일본의 선진 기업 탐방을 하며 벤치마킹도 하고 여러 기술적 문제들에 대해 전문가의 자문도 구하여 종합정보관리시스템 개발 운영에 대한 준비를 해나갔습니다.

삼성그룹 50주년이 되는 1988년에 발족되었고, 처음 6명으로 시작한 T/F팀의 일원으로 저도 참여하게 됐습니다.

삼성그룹의 토픽스(Topics)는 우리나라 최초의 대규모 그룹웨어 시스템으로 10만 명이 넘는 그룹 임직원들 간의 정보공유를 위한 그룹게시판 기능은 물론 정보사항 입력 및 공유기능, 이메일 기능, 문서관리, 전자결재 등을 포함하고 있습니다.

시스템을 만들려면 먼저 정보 분류, 즉 스크리닝이 필요했습니다. 1989

년 삼성그룹에 토픽스 시스템이 본격적으로 도입되면서, 각 계열사의 기획조사팀 등을 통해서 생성되는 많은 정보가 모이기 시작했습니다. 정보 중에는 중요한 정보도 있었지만, 이미 언론 등에 보도되어 축적에 의미를 두어야 하는 정보들도 뒤섞여 있었습니다.

　수많은 정보를 어떤 방법으로 분류할 것인가에 대한 많은 논의가 이어졌습니다. 많은 정보들 가운데 중요한 정보만을 열람하고 싶은 임직원도 있을 것이고, 또한 반대로 정보를 제공하는 측에서 임직원을 분류해 어떤 직급 이상이라든지, 어떤 직급만을 대상으로 정보를 제공하기를 원하는 경우도 발생할 수 있을 것이라 생각했습니다.

　이를 고려해 시스템에 반영하여 각 직급별로 1~5등급까지 등급을 달리하여 정보열람 차별화를 두었습니다. 또한 정보의 중요도에 따라 A급, B급, C급으로 3단계 분류할 수 있는 기능을 포함시켰고 1개의 정보를 2단계로 구분하여 정보를 분류하는 스크리닝 과정을 통해 정보를 분류했습니다.

　이렇듯 정보의 접근권한을 부여하고 보안위배 사례를 체크하는 역할도 수행했는데 이는 훗날 제가 정보보안 분야에 관심을 갖게 되는 계기가 되었죠.

각 직급별분류	정보내용별 분류
1급	A급 - 공개되지 않은 긴밀하면서도 중요한 정보
2급	B급 - 공개되었어도 긴밀하면서도 중요한 정보
3급	C급 - 공개된 정보지만 축적하여 활용도가 있는 정보
4급	
5급	

토픽스가 전 계열사로 빠르게 전파될 수 있었던 가장 큰 이유는 TOP - DOWN 방식으로 교육이 뒷받침되었기 때문입니다. 그 덕분에 1인 1PC 환경이 급속도로 진행되는 부수적인 효과도 있었습니다. TOP - DOWN 방식이란 회사의 사장부터 토픽스를 배우고 익혀, 이를 통해 업무를 처리하고 지시하는 것입니다. 즉, 사장단 ▷임원 ▷ 간부 ▷사원급으로 시스템 사용교육을 통해 토픽스를 전파시켰습니다.

한번은 아주 열정적인 계열사 사장이 임원들에게 전화를 거는 대신에 골프모임이 있다는 이메일만 보내고 별다른 연락을 취하지 않았던 적이 있었습니다. 이메일을 열어보지 않아서 사장 주관 골프모임에 참석 못한 임원은 얼마나 당황했겠습니까?

그 다음부터는 열심히 토픽스를 활용하였다 합니다.

그래서 초창기에 내세운 캐치프레이즈가 '하루에 세 번, 아침, 점심, 저녁 식사하듯 토픽스를 열어보자'라는 것이었으니, 오늘날 수시로 스마트폰을 들여다보는 시대와는 격세지감이죠.

저는 그 당시 과장 직급이었지만, 토픽스 교육 선생님이 되어 직접 그룹 연수원에서 사장단은 물론, 임원급까지 몇십 차례 토픽스 교육을 진행했습니다. 토픽스를 통해 그룹의 주요한 정보들이 공유가 되자, 그룹 게시판은 그룹 임직원 전체에게 가장 빠르게 정보를 전달할 수 있는 중요한 인프라가 됐습니다.

이전에는 전화나 팩스를 이용해 일일이 알려지던 그룹의 주요 전달사항이나 행사는 물론, 임원의 경조사까지도 토픽스를 통해 알릴 수 있었죠. 이후 토픽스 그룹 게시판은 임직원이 출근하면 가장 먼저 체크하는 시스템으로 자리잡게 되었습니다.

운영 초기에는 게시판에 게시되는 정보의 스크리닝 권한이 저에게만 있어서 모든 게시물은 '오경수'로 표기되어 '오경수'를 모르면 간첩이라는 말도 나왔습니다.

임직원의 그룹 게시판 의존도가 높아지던 중, 그룹 게시판 시스템 마비 사건이 발생했습니다. 매년 12월 연말이 되면 그룹의 사장단 인사 및 임원 인사를 토픽스 그룹 게시판을 통해 공지했는데 전 계열사의 임직원들이 동시에 시스템을 접속하게 되면서 시스템이 마비되는 사태까지 이르렀던 것입니다.

지금처럼 인터넷이 발달된 시기가 아니었기 때문에, 토픽스가 시스템을 통한 유일한 전달통로의 역할을 하게 되어 발생한 해프닝이었습니다.

1989년부터 삼성그룹의 그룹웨어 시스템으로 시작된 토픽스는 1995년을 기점으로 싱글토픽, 싱글로 발전하면서 그룹의 핵심 인프라 역할을 하게 됩니다. 이를 통한 일하는 방법의 혁신과 가치관의 공유는 삼성그룹의 초일류기업으로의 성장에 초석이 되었습니다.

현재는 20만 명 이상의 삼성그룹 임직원이 사용하고 있는 '마이 싱글'로 발전하여 명실공히 대한민국 대표 그룹웨어 시스템으로 자리매김하고 있습니다.

메모로
나를 경영하라

정보, 모으는 것만큼 버리는 것도 중요하다

　사람들은 뭐든 많으면 많을수록 좋은 줄 알고 다다익선(多多益善)을 선호합니다. 정보와 자료도 많을수록 좋다고 생각하기 쉬운데 절대 그렇지 않습니다. 지나치게 많은 정보는 오히려 해가 될 수 있죠. 산더미처럼 쌓여있는 건초더미 사이에서 어느 것을 먼저 먹을까 고민하다 아무것도 먹지 못하고 굶어 죽는다는 '퓨리턴의 당나귀' 이야기는 정보의 홍수 속에서 갈피를 잡지 못하고 우왕좌왕하는 상황을 대변해주고 있습니다.

　정보가 곧 힘이라는 생각에 많은 자료와 정보를 모으려고 애쓰지만 그것들을 제대로 활용하지 못하고 쌓아만 놓는 것은 정보가 아닙니다. 그것은 시간이 지나면 시대나 트렌드에 뒤떨어져 쓸모없는 지식이 되고 맙니다. 앞서 기술했듯이 앨빈 토플러도 이런 지식을 무용지식(Obsoledge)이라고 했습니다. 모든 지식에는 한정된 수명이 있으며, 그 수명이 끝나면 지식은 지식이 아닌 것임을 강조한 것입니다.

과거 정보 결핍 때문에 신음하던 사람들이 지금은 정보에 집착하는 정보 비만증에 걸려 시간을 낭비하고 있습니다. 많은 정보와 자료의 수집보다는 쓸모없는 정보들을 어떻게 버려야 하는가가 점점 더 중요해지고 있습니다.

정보나 자료는 필요할 때 손쉽게 찾아서 효율적으로 활용할 수 있어야 그 의미가 있습니다. 자료가 지나치게 많이 쌓여 있는 책상이나 파일 박스는 정보 창고가 아니라 정보의 무덤이 될 수 있습니다.

다람쥐는 도토리를 열심히 모아서 땅에 묻어 놓는다고 합니다. 그런데 정작 묻은 곳을 찾지 못해 낭패를 본다고 합니다. 정보를 많이 모아 저장만 해두고 찾지는 못하는 사람도 이와 같다고 볼 수 있죠

사람들은 대부분 교통 체증이 심한 지역에 새로운 도로가 뚫리면 교통 소통이 원활해지듯 정보 통로가 새로 만들어지면 그 처리 속도 또한 빨라질 것이라고 생각합니다. 하지만 고속도로에 새로운 진입로가 뚫리면 그곳으로 교통량이 집중되어 체증이 해소되기보다는 악화되기 십상이죠.

정보도 마찬가지입니다. 정보 통로가 넓어지면 그 위를 흐르는 정보의 양은 증가하지만, 쓸모없는 정보 또한 늘어나 정작 필요한 정보의 원활한 소통을 방해하게 됩니다.

정보 전문가들은 이렇게 마구잡이로 쌓여있는 정보를 '유사정보'라고 부릅니다. 써먹지 못하는 정보는 정보로서 가치가 없다는 뜻입니다. 자신이 보유한 정보가 점점 많아질수록 그 다음 단계에서는 정말로 필요한 정보를 찾고 갈무리하는데 더 많은 시간을 할애해야 합니다.

저도 주말에는 메모를 정리하기도 하지만 일주일 동안 모은 신문 스크랩 중 가치가 떨어진 것들을 모두 버리곤 합니다.

생활쓰레기에만 분리수거가 필요한 것은 아닙니다. 정보도 일주일, 또는 한 달 단위의 분류 작업을 통해 시의성이 떨어지거나 중복된 것들을 없애고 새롭고 필요한 것들로 바꿔줘야 합니다.

요리도 공부도 정성과 노력이 들어간 만큼 좋은 결과가 나오듯 정보도 마찬가지니까요.

메모로
나를 경영하라

정보 없이 전략 없다

21세기 정보화 사회에서 '메모'의 중요성은 더욱 커지고 있습니다. 정보화 사회에서는 어떤 아이디어를 어떻게 자신의 것으로 활용하느냐에 따라 성패가 좌우됩니다. 많이 보고, 많이 듣고, 한 번 더 생각하는 과정에서 기발한 아이디어가 떠오릅니다. 그리고 그 아이디어를 자신의 것으로 만드는 과정에서 가장 필수적인 것이 메모입니다.

메모는 정보의 재활용을 가능하게 합니다. 단편적인 사실이나 그냥 흘려 보내버릴 수도 있는 아이디어들을 모아서 잘 정리해두면 나중에 다시 사용할 수 있는 좋은 정보자산이 됩니다. 메모는 하나의 정보를 여러 번 사용하도록 하는 가장 기초적인 수단인 동시에, 정보의 재활용을 촉진시키는 촉매제입니다.

그리고 정보라는 지식을 통해 전략을 구상하고 실천하여 목표를 이룰 수 있게 합니다. 전쟁에서도 적에 대한 정보가 있어야 작전을 짜고 공격이나 방어 계획을 세우듯 전략은 정보와 지식이 있어야 가능합니다.

정보가 자기 지식으로 바뀌고 활용되기까지 꾸준한 노력과 관심과 열정이 필요합니다. 정보와 지식의 원천인 메모 또한 잘 정리하여 보관하였다가 필요한 때에 즉각 다시 볼 수 있도록 하는 시스템이 중요합니다. 이것은 전략에 있어 실탄과도 같습니다. 즉, 분류와 검색(활용)기능이 중요합니다.

세상은 급격하게 변하고, 기업은 세상이 변화하는 속도보다 더 **빠른 속도**로 진화하고 있습니다. 끊임없이 진화하는 기업을 정확한 방향으로 이끌기 위한 경영 전략 또한 세분화, 전문화되고 있는 추세입니다. 기업의 미래를 좌우하는 최선의 경영 전략 수립은 모든 기업이 바라는 목표이기도 합니다.

사원에게는 사원의 전략이, 사장에게는 사장의 전략이 필요한데 전략은 만든다고 해서 금방 나오는 것이 아닙니다. 사장은 사장 스스로 정보를 다루고 활용을 할 때 비로소 고급정보를 생성할 수 있습니다.

전략기획팀에서 만들어서 보고받은 정보는 현장감각이 없는 정보일 가능성이 높습니다. 그러므로 CEO는 정보의 수집, 분석, 활용도 몸소 솔선수범해야 합니다.

메모로
나를 경영하라

자녀와 함께 한
정보 순환의 4단계 체험

정보는 4단계의 과정을 거칩니다. 먼저 어떤 정보를 수집하고 활용할 것인지에 대한 기획을 한 다음 메모와 기록을 통해 조사를 하는 수집의 단계와 수집된 것을 평가하고 해석, 가공하는 정보처리 과정, 그리고 마지막으로 공유와 축적을 통한 활용으로 이어집니다.

20년 전 쯤 당시 삼성에 재직 중이던 시절, 저는 초등학생이던 자녀들과 함께 이론적인 '정보 순환의 4단계'를 직접 경험해본 일이 있습니다. 물론 아이들에게는 산교육의 기회가 되었고 저 또한 정보의 순환을 실제로 확인해보는 특별한 시간이었습니다.

그 당시 삼성그룹이 7시 출근 4시 퇴근이라는 7.4제도가 시행될 때였는데 평소 7시쯤에 퇴근하던 사람이 4시쯤 집에 오니 별다른 할 일이 없더군요. 그런데 마침 아이들이 방학이라 집에 있길래 얘기를 나누다가 큰 애의 방학숙제인 <탐구활동 스크랩>을 같이 만들게 되었죠.

학교에서 부모님과 같이 하는 숙제로 내준 거라 했습니다. 다시 학창시절로 돌아간 기분으로 선뜻 같이 하자고는 했지만 뭘 어떻게 해야 할지 막막했죠. '개미는 어떻게 생활하는가?', '올챙이가 개구리 되기까지는?' 등 다양한 주제를 가지고 논의를 거듭했습니다. 그러나 일단 동식물은 관찰하기가 너무 어려워 포기하고 그 대신 우리 주위에서 일어나는 것 중에서 고르기로 했습니다.

때마침 언론 등에서 환경문제가 크게 대두되던 때였는데 그것에 착안해 '우리 아파트 주위는 깨끗한가?', '쓰레기 분리수거는 잘 되고 있는가?'를 주제로 삼기로 뜻을 모았습니다.

1993년 7월 20일 구체적 계획을 세웠습니다. 초등학교 5학년인 큰 애가 총괄 책임자이고, 다른 식구들은 조력자로 각각의 역할을 정했는데 아빠인 저는 전체의 계획 짜기와 아파트 주민들에게 설문조사할 양식을 만들고 결과표까지 만들기, 엄마는 쓰레기가 분리수거 된 후의 처리과정 알아보기, 동생은 설문지 나눠주고 수거하는 일 등 언니 일을 도와주기로 했습니다.

우선, 매일매일 아파트 1, 2, 3동의 쓰레기 분리함의 청결상태를 체크리스트 표에 표시토록 했습니다. 사진도 그날그날 찍어놓도록 했죠. 큰 애는 자신의 과제이긴 했지만 막상 시작하니 매일매일 그 냄새나는 쓰레기 함을 들여다봐야 하는 귀찮음과 창피함에 짜증나는 듯도 보였습니다.

저는 설문조사표를 만들었는데 '쓰레기 분리수거는 잘하고 있습니까?', '왜 안 되고 있다고 생각하십니까?', '잘 되기 위한 방법은 무엇이라고 생각하십니까?' 등 A4지에 질문 10여 개를 채우느라 설문조사에 일가견이 있는 회사 홍보팀의 조언도 구할 정도였습니다.

　설문지를 각 동 주민 30여 명에게 나눠주고 5일 후 걷도록 했는데 나눠주고 거둘 때는 큰 애와 작은 애가 아파트 계단을 이리 뛰고 저리 뛰어야 했습니다. 어떤 주민이 수고한다는 말을 해줘 신이 났다는 딸의 모습을 보며 '그래 몸소 경험해 보거라. 그게 곧 공부란다'라며 속으로 내심 흐뭇했습니다.

　거둬들인 설문지는 모아서 항목에 따라 %를 내고 다이어그램을 그리고 해서 결과표를 만들었습니다. 그리고 그 결과가 의미하는 것이 무엇인지 분석까지 했죠. 그리고 설문조사 결과표는 설문조사에 응답해준 주민들에게 나누어주었습니다. 그리고 엘리베이터 앞 게시판에도 붙여 다른 주민들이 참고토록 했죠. 그러면서 딸들에게 '아는 것은 알려주고, 부탁했던 곳엔 그 결과를 꼭 알려줘야 한다. 정보화 사회에는 오픈 마인드, 피드백 마인드가 중요하다'는 말도 잊지 않았습니다.

　처음엔 분리수거가 제대로 되지 않는 데에는 홍보가 부족했기 때문이라고 판단했습니다. 그래서 정성스레 분리한 쓰레기가 어떻게 활용되고 있는가를 보여주면 더 잘될 것이라 생각하고 아내는 동사무소를 찾아가 보기도 하고, 통장을 만나 부녀회가 분리수거하여 모은 돈이 얼마며 어떻게 쓰고 있는지를 알아보기도 했습니다.

　한국자원재생공사라는 데에서 1주일에 한 번씩 차로 분리된 쓰레기를 실어가고 돈은 부녀회 통장으로 넣어준다는 사실도 재삼 알게 되었죠. 친구들의 아파트는 어떤지도 알아봤습니다. 광명시의 실패사례(기껏 분리수거 했는데 쓰레기 차가 와서 한꺼번에 수거해 버려 다음부터는 하지 않게 됨)와 개포동의 우수사례(분리수거 차가 올 때 동네 아주머니들이 모두 나와 더 세분하게 분리)도 발굴해 내는 성과도 거두었습니다.

작은 애는 큰 애를 도와 경비아저씨와의 인터뷰, 청소아줌마와의 인터뷰를 하는데 동행하며 며칠에 한 번 청소차가 오는지 물어도 보고, 이사 갈 때가 가장 지저분하다는 경비 아저씨의 말도 기록했습니다.

또한, 7월부터 줄곧 조선일보 25면에 게재되는「환경란」을 오려 좋은 사례기사와 쓰레기 방치 현장기사를 모아 두고 나중에 스크랩북 맨 마지막에 붙이도록 했습니다. 마지막으로「분리수거 두 배면 쓰레기는 반」,「세계를 깨끗이 우리동네 깨끗이」라고 분리수거를 권장하는 포스터도 만들었습니다.

이렇게 10여 일 동안 온 가족이 달라붙어서 노력한 결과 마침내 <쓰레기 분리수거 조사분석 보고서>가 완성되었고, 우리 가족은 조촐한 파티를 열어 기쁨으로 자축했습니다.

우연의 일치인지는 몰라도 큰 딸은 대학에서의 전공과 졸업 후의 직장도 조사방법론을 가장 많이 활용하는 곳을 택해 일하고 있습니다.

정보의 독점성과 경로성

정보(情報)라는 단어 뒤에는 대부분 조사(調査)라는 단어가 따라붙습니다. 사물이나 어떤 상황에 대한 새로운 소식이나 자료 등 관심과 관찰만 가지고 파악하는 정보로는 부족하고 또 목적을 이룰 수 없기 때문에 좀 더 세세하게 살피고 파악하며 인과관계도 살펴보는 조사가 수반되는 것입니다.

정보조사 없이 저절로 목적하는 바를 얻을 수 있다면 참으로 좋겠지만 아쉽게도 그러지 못하는 것이 현실입니다. 정보는 일반적으로 숨겨져 있습니다. 귀중한 정보일수록 상대방에게 노출되었을 경우에는 정보를 가진 사람이 치명적으로 손해를 보게 마련이기 때문에 깊숙이 숨기는 게 일반적입니다. 따라서 중요한 정보는 널리 알려지지 않고 또 한사람 또는 극소수가 소유하고 있기 때문에 독점하고 있다고 해도 과언이 아닙니다.

마치 물방울 다이아몬드나 고가의 희귀한 골동품이 시중에 좀처럼 나타나지 않는 이치와도 똑같다고 볼 수 있죠.

이렇듯 정보는 감춰져 있기에 이를 찾아내려는 노력이 필요하고 바로 이를 조사라 부르는 것입니다.

조사에는 여러 방법이 동원됩니다. 그 중 정보의 흐름을 예의주시하여 조사하는 것, 즉 정보의 경로를 찾아내는 것도 좋은 방법 중 하나라고 할 수 있습니다.

모 그룹이 압구정동에서 터를 잡고 성장한 데에는 소양강 댐의 경로를 파악하여 압구정동 일대의 땅을 대량 확보하였기 때문이라는 이야기가 있습니다. 즉, 소양강 물의 경로 중 가장 큰 곳이 한강이기에, 한강의 수원지인 춘천 소양강을 막게 되면 잠겨져있던 압구정동의 쓸모없는 땅이 올라와 토지로 전환될 것이라는 조사 분석의 결과인 셈이죠.

물은 일정한 방향으로 흘러가 수맥을 이룹니다. 마치 수맥을 찾는 것처럼 정보의 패턴이나 방향성을 분석, 예측하면 그 원천을 찾을 수 있게 됩니다. 마치 ICT 솔루션영업의 일반적인 흐름처럼, 총판이 있고 그 총판 밑에 채널사들이 있듯이 정보의 독점성과 경로를 확실하게 파악하는 정보조사야 말로 진정한 정보화의 지름길이 될 것입니다.

'견미이지맹 견단이지말(見微以知萌 見端以知末)'이란 한비자(韓非子)의 말처럼 아주 작은 싹을 보고도 사태의 흐름을 알고, 사태의 실마리를 보고 그 결과를 알아내야 하는 것이 진정한 정보조사라 할 수 있습니다. 단순한 '찌라시' 수준의 정보는 제대로 된 정보조사라 할 수 없는 거죠. 자칫 이러한 잘못된 정보에 현혹되지 않도록 주의가 필요합니다.

정보조사의 베테랑이 되고 모름지기 '정보맨'이라고 불리려면 지속적으로 정보의 기획-수집-조사-분석이라는 메커니즘을 이해하고 끊임없는 연습과 훈련이 필요합니다.

　간혹 다른 이들이 저를 정보수집, 분석, 활용 분야의 전문가를 뜻하는 '정보맨'이라 불러주고 한국정보보호산업협회장을 역임할 수 있었던 것도 오랜 경험과 노력 덕분이라 생각합니다.

정보의 특성

시한성	타이밍, 속도, 기회
독점성	공유배척, 비공개정보의 가치
가치변환성	사람(조직), 시기, 장소, 환경
경로성	유동성, 채널

정보의 순환단계

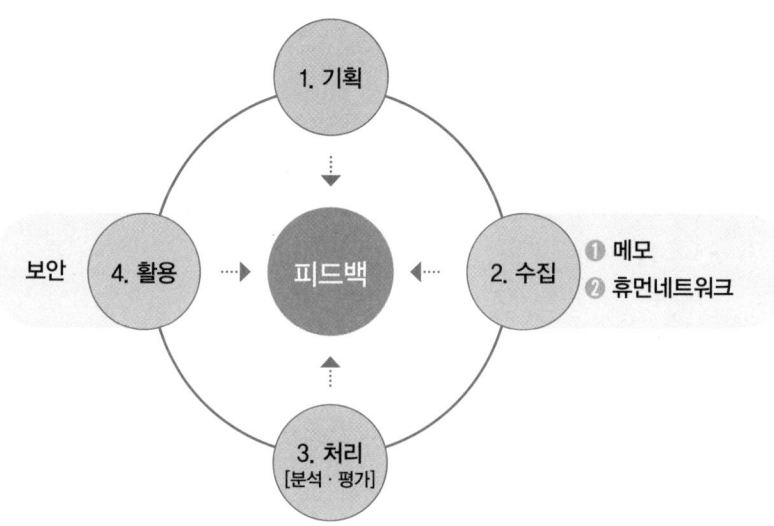

Chapter III

메시지 경영

메모로 경영하다

꽃의 뒤를 그리는
사람은 없다

　유명한 화가의 그림이든 유치원생의 그림이든 꽃 그림은 모두가 정면을 향하고 있습니다. 실제로 꽃을 감상할 때도 예쁘고 환한 정면만 바라보며 감탄합니다. 저를 비롯한 대부분의 사람들은 사람을 볼 때도 앞모습만 바라보고 또 자신의 앞모습만 중요하게 생각하지 뒷모습에 대해서는 그다지 신경 쓰지 않습니다.
　하지만 경영하는 리더는 꽃의 뒤를 볼 줄 아는 폭넓은 안목을 가져야 하고 또 보지 않더라도 예측할 줄 알고 직접 보고 자세히 그릴 줄 아는 통찰력과 여유가 있어야 합니다. 직원들이 바라보는 자신의 뒷모습에도 신경을 써야합니다.
　저는 리더를 등반대장에 비유하곤 합니다. 히말라야 고산을 등반할 때 대원들이 산에 오를 수 있도록 길 안내를 해주는 사람들이 있습니다. 바로 등반대장과 셀파입니다. 이 중에서 산에 대해 가장 잘 알고 빨리 오를 수 있는 사람은 누구일까요? 바로 셀파입니다. 하지만 루트를 정하고 캠프의 위치를 선정하고 공격조를 선발하는 등 등반 시작과 과정, 그리고 결과까지 책임지는 사람은 등반대장입니다. 셀파는 경험이 많고 산 지형에 밝아 산을 잘 탄다 해도 자기 역할만 합니다. 무엇보다 임무완수 후에 주어지는 보수가 더 중요할 뿐이죠. 그의 임무는 등반대가 가는 과정에서의 도우미 역할에 불과합니다. 등반에 성공을 하더라도 셀파의 이름이 거론된 적은 거의 없죠.

대원들을 이끌고 등정에 나서는 등반대장처럼 기업 역시 리더의 생각과 판단, 결정에 의해 성패가 좌우됩니다.

기업 리더와 등반대장에게는 공통점이 있습니다.

첫째는 루트 판단입니다. 남들이 다 올랐던 길을 가는 건 쉽습니다. 누구나 다 올랐던 산이라도 다른 길로 오르면 역사에 남고 길의 이름도 남습니다. 하지만 남이 가지 않은 새로운 길을 개척하면서 모든 대원들의 안전까지 확보할 수 있는 길을 찾는 건 쉽지 않습니다. 많은 경험이 있어야 합니다. 날씨와 산에 대한 엄청난 정보가 있어야 합니다. 여러 개의 대안을 갖고 있어야 합니다. 그리고 지금 처한 상황에 딱 맞는 방법을 찾아내야 합니다. 그래서 시간은 최소화하고 효과는 최대화할 수 있는 등반 계획을 수립해야 합니다. 이게 리더의 역할입니다.

둘째는 리스크에 대한 판단입니다. 리스크는 어떤 일을 하든 잠재되어 있는 위험 요소입니다. 심지어 잠을 잘 때도 리스크는 있습니다. 수면 무호흡증이 와서 죽을 수도 있으니까요. 그러나 우리가 그걸 걱정하지 않는 건 확률적으로 낮기 때문입니다. 그렇습니다. 리스크는 확률의 문제입니다. 그렇기에 직업의 위험에 따라 보험료가 다를 수밖에 없는 거죠.

　리더는 조직의 현재 상황과 미래에 마주할 리스크에 대해 냉정하게 평가해야 합니다. 그리고 그에 따라 루트를 그대로 갈 것인지 바꿀 것인지 결정해야 합니다.

　셋째는 사람 판단의 능력입니다. 다큐멘터리를 보셔서 아시겠지만 등반대에는 두세 사람의 클라이머만 있는 게 아닙니다. 최소한 대여섯 명은 됩니다. 이 중 가장 컨디션 좋은 두세 명이 정상 공격의 임무를 맡게 되는 것입니다. 고산병에 모두가 시달릴 때 컨디션 좋은 대원을 가려내는 게 쉬운 일은 아닙니다. 평소의 친분이나 정에 이끌리면 안될 것입니다. 과거의 성과도 고려해야 하지만 오늘의 컨디션도 면밀히 살펴야 합니다. 루트에 적합한 대원도 가려내야 할 것입니다. 리더의 사람 판단이 결코 쉬운 일이 아닙니다.

　즉, 리더는 업무에 있어서나 사람에 있어서 그 보이지 않는 뒷면도 볼 줄 알아야 하고 실제로 예측하고 봐야 합니다.

　그래야 원하는 목표 지점에 순조롭게 안착하게 됩니다.

메모 커뮤니케이션

　소통이란 뭘까요? '뜻이 서로 통하여 오해가 없음'이란 사전적 의미를 지닌 소통, 우리는 과연 잘하고 있는 걸까요?
　소통은 조직목표 달성을 위해 경영에서 빠지지 않는 핵심항목입니다. 그래서 기업들은 워크숍이나 회식, 체육대회 등 다양한 방법으로 조직원의 교감과 소통을 만들어내려 하고 있습니다.
　과거에는 경영자 중심의 소통이 있었고 리더의 하향적 또는 일방적 의사전달과 통제로만 업무가 이루어졌다면 최근에는 수직적 구조에서 수평적 구조로 변화되었고, 개방적인 기업문화 도입과 쌍방향 커뮤니케이션 등으로 소통이 보다 활발해졌습니다. 그럼에도 불구하고 삼성경제연구소(SERI)에서 직장인을 대상으로 설문조사를 한 결과, 직장인의 3분의2(65.3%)가 소통의 중요성은 인식하고 있으나 '조직에서 원활한 소통이 이루어지지 않는다'고 조사되었습니다. 인터넷, SNS, 휴대전화 등 소통의 방법이나 도구는 확대되었음에도 여전히 직원들은 불만을 나타내고 있습니다.

여기서 우리는 정서적인 소통이 조직의 존재를 결정하는 중요한 요소라고 말한 경영학자 피터 드러커의 말을 떠올릴 필요가 있습니다. 정서적 소통은 우선 마음이 전제가 돼야 합니다.

저 같은 경우엔 지시나 전달 사항이 있을 때 메모를 적극적으로 활용했습니다. 직접 손으로 쓴 메모와 복사한 자료들은 직원들과의 소통 수단이 되어 주었습니다. 예를 들어 지시사항이 있으면 'To. ㅇㅇㅇ' 식으로 메모를 해서 직접 전달하거나 신문기사 중 괜찮은 읽을거리가 있으면 복사해서 필요한 직원에게 전해주기도 했죠.

처음에는 CEO가 직원에게 일방적으로 단순히 메모한 내용을 전달하는 데만 그쳤지만 시간이 흐르면서 차츰 피드백이 오기 시작했습니다. "잘 알겠습니다" 또는 "고맙습니다. 참 유익했습니다"라며 간단한 쪽지를 건네주더군요. 저 역시 직원들에게 좋은 아이디어를 제안받으면 "참 좋은 아이디어입니다", "귀하의 보고서가 좋습니다"와 같은 쪽지를 직원들에게 전하는 식이었죠.

메일도 마찬가지입니다. 저는 하루에 4~5번 메일을 체크하는데, 메일을 받으면 반드시 회신을 보냅니다. 직급이 뭐든 간에 저에게 온 메일에는 반드시 답장을 보냈습니다. 이런 피드백은 조직원 간의 원활한 의사소통을 위해서 아주 중요합니다. 미팅이 있을 경우에도 참석 여부를 메모나 이메일을 통해 알려주는 것은 기본입니다. 국내 CEO들 중에는 건의사항이나 기타 사항들에 대해 메일을 보내라고 하고서는 피드백을 하지 않는 경우가 많습니다. 메일을 받는 것만으로는 아무런 의미가 없습니다. 마치 허공에 대고 소리치는 것과 같습니다. 피드백은 가급적 빨리 정확하게 이뤄지는 게 중요합니다. 그 과정이 지속되어야만 서로 소통하고 인식을 공유하고 있다는 분위기를 만들 수 있게 되니까요.

만약에 누군가에게 전달할 사항이 있다면 먼저 말로 한 다음, 지시사항을 직접 메모해 건네준다면 상대방은 자신이 해야 할 일을 좀 더 명확하게 인식할 수 있습니다. 이는 소통의 효과를 창출하는 가장 쉽고 빠른 방법입니다.

그 방법이 좀 귀찮다구요? 새로운 트렌드에 맞춰 언제 어디서나 소통 가능한 스마트폰, 테블릿PC를 활용하는 것도 쉽고 간편한 방법입니다.

진정한 소통의 출발은 평등함에서 시작됩니다. 그러나 반드시 지켜야 할 원칙들이 있습니다.

국민 MC로 불리며 국민의 사랑을 받고 있는 유재석 씨만의 소통 원칙을 참고할 만 합니다.

1. 칭찬에 '발'이 달렸다면, 험담에는 '날개'가 달려있습니다. 험담은 반드시 상대방에게 전달됩니다.

2. 입술의 '30초'가 마음의 '30년'이 될 수 있습니다. 말 한마디가 상대방의 인생을 바꿀 수 있습니다. 좋은 말이든 나쁜 말이든 항상 신중하게 말을 하세요.

3. '혀'를 다스리는 건 '나'이지만, 내뱉어진 '말'은 '나'를 다스립니다. 말을 할 때 신중하게 말하고, 한번 말한 것은 책임을 지세요.

4. '말'을 독점하면 '적'이 많아집니다. 적게 말하고 많이 들으세요.

5. 상대방의 이야기에 귀를 기울일수록 내편은 많아집니다.

의사소통에서 가장 중요한 것은 상대방이 말하지 않는 것을 듣는 것이라고 한 피터 드러커의 말을 상기하면서 나는 과연 소통을 잘하는 사람인가 한 번쯤 되돌아봐야겠습니다.

메모로
나를 경영하라

봄꽃에서 가을 열매를 본다

사람은 그 사람이 하는 일을 닮아간다는 말을 들어보셨을 겁니다. 주위를 살펴보면 사람들 생각이나 성격이 그 직업에 딱 맞아떨어짐을 느낄 수 있는 경우가 많습니다.

오랜 기간 정보 관련 일을 하면서 저 역시도 정보에 대해 굉장히 민감해졌습니다. 늘 정보를 찾고 저장하고 가공합니다. 그래서 신문을 꼼꼼히 읽고 스크랩을 열심히 합니다. 그럼 여러분은 이렇게 얘기할 겁니다. "아니 스마트폰만 있으면 어디서든 뉴스를 볼 수 있는데 뭐하러 그걸 찢고 오려서 보관하나? 올드하게!"

맥도너 켄트로 같은 학자들은 지식의 피라미드나 지식의 진보에 대해서 얘기합니다. 세상엔 사실(Fact)이 넘쳐납니다. 그 사실 중에서 뉴스 가치가 있는 것을 기자들이 선택하고 골라내서 기사를 쓰면 신문에 나옵니다. 사실이 선택되어 가공되면 자료(Data)가 되는 것입니다. 이런 자료들은 독자의 직업, 취향, 욕구에 따라 다시 걸러지고 모아져서 그의 필요에 의해 저장되어 정보(Information)가 됩니다. 그리고 이 정보들이 독자가 처한 상황과 문제에 대한 답이 되면 그것은 지식(Knowledge)이 됩니다. 그리고 이 지식은 쌓이고 쌓여 많은 문제와 변화에 대한 대안과 답을 제시할 수 있는 지혜(Wisdom)가 됩니다.

저는 30년 동안 신문을 스크랩해왔습니다. 정기구독하는 신문만 여섯 개고 그 외에 정보가 될만한 신문, 잡지도 스크랩합니다. 신년 첫날이라고 예외는 없습니다. 새해의 화두와 이슈, 업계의 전략들이 다 들어 있고 그 나라의 지적 수준의 잣대 중 하나라고 할 수 있는 신춘문예의 결과도 발표되고 실리기 때문입니다.

앨빈 토플러처럼 저는 신문 구석구석을 샅샅이 훑습니다. 30년간 습관화되어서 빨리 봅니다. 사소한 인사 소식에서 부고란까지 살핍니다.

특히 인물 동정은 휴먼네트워크를 구축하는데 도움이 되기 때문에 빠짐없이 보고 축하할 승진이나 취임기사가 있으면 곧바로 스마트폰으로 찍어 문자메시지를 보내주곤 합니다. 비록 새벽에 잠을 깨우는 문자메시지라 할지라도 남이 자기를 알아준다는 사실에 기분이 좋아지지 않겠습니까?

인터넷에 올라오는 새로운 소식들도 놓치지 않습니다. 화제가 되고 있는 책이나 신간 등도 저의 정보 취합에 도움을 줍니다.

요즘 같은 크로스오버 시대에 어떤 정보가 내 삶에 그리고 우리 사회에 영향을 미칠지 알 수 없습니다. 미국의 블랙 프라이데이가 한국 백화점의 연말 세일을 망치고 서아프리카의 에볼라가 세계의 초콜릿 값을 올리고 있는 시대에 살고 있기 때문입니다. 목마른 사람이 우물 판다고 어쩔 수 없거든요.

  CEO는 경험이 많지만 경험만을 믿지는 않고, 오늘의 성과를 내지만 그 성과에 취하지 않고, 미래를 볼 순 없지만 미래를 향해 시선을 두는 사람이라고 생각합니다.

  이러기 위해선 정리된 과거와 확인된 오늘, 내일의 예측이 공존하는 정보 수집과 메모를 게을리 할 수 없습니다.

  봄철에 나무를 돌봐야 가을의 열매를 기대할 수 있는 것처럼 말입니다.

말은 그 사람의 향기다

프랑스 휴양도시 니스의 한 카페에는 이런 가격표가 붙어 있다고 합니다.

Coffee! 7 Euro.

Coffee Please! 4.25 Euro.

Hello Coffee Please! 1.4 Euro.

우리말로 그럴 듯하게 해석해 보면 이렇습니다.
점원이 다가와서 "뭘 드릴까요?" 물었을 때
"커피"라고 하면 만 원,
"커피주세요"라고 말하면 6천 원,
"안녕하세요. 커피 한잔 주세요"라고 말하면 2천 원을 받겠다는 것입니다.

이 카페의 사장은 종업원들에게 함부로 말하는 손님들을 보고 화가 나서 이런 아이디어를 냈다고 합니다. 놀랍지 않습니까? 교양 있고 품격 있는 프랑스 휴양지의 관광객들도 이렇게 종업원을 대한다는 사실과 그리고 종업원의 인격에 대해 신경 쓰는 카페 사장님의 철학이 말입니다.

제가 아는 한 CEO는 거래처를 선정하기 전에 그 업체 사장과 꼭 식사를 해본다고 합니다. 사실 갑과 을의 관계에서 을의 위치에 있는 기업의 사장들은 갑의 위치에 있는 기업의 사장 앞에서는 말을 조심하게 마련입니다. 그러니 그 사람의 평소 인격을 헤아리는 게 쉽지가 않죠.

그러나 아무리 비즈니스 자리에서 격식을 차리던 사람도 식당에서는 변하기 쉽습니다. 식당 종업원들에게 당연하다는 듯이 하대를 하는 사람이 많죠. 사소한 걸 트집 잡아 불평을 늘어놓고 "매니저를 불러와라", "사장을 불러와라"하는 사람도 있습니다.

'웨이터에게 함부로 대하는 사람하고는 비지니스를 하지 마라'라는 웨이터의 법칙은 이런 경우를 말합니다. 사람의 인격은 그 사람보다 어리거나 다른 지위, 학벌과 직업의 귀천을 의식할 때 드러나는 것 같습니다.

최근 뉴스에서 눈쌀을 찌푸리게 하는 사회 저명인사들의 행태가 자주 보도됩니다. 캐디를 술집 여종업원 대하듯이 하면서 결국엔 성추행으로 고소까지 당합니다. 라면하나 잘못 끓여 왔다고 비행기 안에서 승무원에게 고성을 질러 기업 차원에서 사과까지 하게 한 기업 임원도 있습니다. 주차 서비스가 맘에 안 든다고 호텔 직원에게 언성을 높이고 폭행을 해서 기업이 문 닫을 위기에 처한 제과 업계 사장도 있습니다. 지위가 높다고 인격까지 높은 건 아닌 모양입니다.

그 사람의 겉모습이 꽃의 빛깔과 모양이라면 인격은 그 사람의 향기입니다. 그리고 그 향기를 가장 먼저 느끼게 하는 건 바로 말입니다. 어려운 자리에서만 단어를 고르고 생각을 정돈해서 말을 해서는 안 됩니다. 쉬운 자리일수록, 편한 사람일수록, 아랫사람일수록 더 단어를 고르고, 신중히 말을 해야 합니다. '오늘 생각하고 내일 말하라'는 서양 속담은 그만큼 말을 쉽게 하지 말라는 뜻입니다.

모든 향기는 아래에서 위로 퍼집니다. 인격에 대한 평판은 자신의 위치보다 낮은 사람들의 평가들이 모여 형성됩니다. 그렇기 때문에 본인의 위치가 올라가면 올라갈수록 언행에 만전을 기해야 합니다.

메모로
나를 경영하라

Leader이기 전에 Reader

요즘 '갑질'이라는 말이 자주 회자됩니다. 참 무서운 말입니다. 조금이라도 권력을 많이 가진 사람이 그렇지 않은 사람을 함부로 대하고 자기 마음대로 해도 된다고 생각한다는 게 무섭습니다. 그런데 갑질이라는 게 별거 아닙니다.

회사 내에서도 상사가 부하직원에게 말을 함부로 하고 대화의 자리에서도 자기가 말을 많이 해야 하고 회의할 때는 의견과 결론도 자기중심적으로 나와야 한다고 생각하는 것도 갑질입니다. 그런데 이렇게 상사가 행동을 하면 부하직원이 나중에 상사가 됐을 때도 같은 행동을 합니다. 자신이 을이라고 생각하고 행동해온 직원이 자신의 위치와 신분이 바뀌면 갑질을 해대는 것입니다.

사실 조직에서 위치가 올라갈수록 앞에 서서 말을 할 기회가 많이 생깁니다. 아래 사람들은 또 열심히 들어줍니다(때에 따라서는 그렇게 보이는 것일

Chapter Ⅲ 메시지 경영

수도 있겠죠). 그러다 보면 자기 말에 취해 말이 길어집니다. 개그 소재로 흔히 쓰이는 교장 선생님 훈시 말씀처럼 되어버리는 것입니다.

리더는 Leader이기 전에 Reader여야 한다고 생각합니다. 조직의 구성원들의 표정과 마음과 생활까지도 찬찬히 읽어 낼 줄 알아야 한다는 거죠. 즉 Read between the line이 중요합니다. 다시 말해 행간의 뜻을 파악하라는 뜻입니다.

우리는 이때까지 목표 지향, 경쟁 지향적인 거시적 경영, 거시적 리더십만 중요하게 생각하고 실천해왔습니다. 마음이나 삶에 신경 쓰는 미시적 리더십에 대해선 등한시한 것이 사실입니다. 하지만 결국 사회도 일도 사람이 하는 것이고 사람에 의해 돌아가는 것입니다. 그 구성원이 행복하지 않으면 기업도 사회도 행복하지 않고 성장할 수 없다는 너무도 당연한 원리를 알고 있는데도 말이죠.

마음을 얻는다는 건 참으로 어려운 일일 수 있으나 한편으로는 가장 쉬운 일일 수도 있습니다.

예를 들어 가까이 있는 직원들의 생일이나 결혼기념일을 메모했다가 축하 문자를 보낸다거나 아니면 말로라도 축하의 뜻을 전하면 됩니다. 대부분의 남자 직원들은 깜짝 놀랍니다. 특히 본인의 결혼기념일을 깜빡하고 있던 직원들은 제가 알려준 덕분에 아내로부터 점수를 땄다며 후일담을 전해오기도 했습니다. 결혼식 주례를 섰던 부부에게는 다음, 그 다음해에도 결혼기념일이 되면 문자를 보냅니다.

애프터서비스는 물건에만 있는 것이 아니고 사람에게도 있습니다. 이렇게 하면 관계가 돈독하게 되겠죠.

기쁜 일을 기억하는 것도 중요하지만 슬픈 일을 기억하는 건 더 중요합니다. 가까운 지인이 부모상이나 부인상을 당했을 때 날짜를 휴대전화에 저장했다가 다음해 기일 즈음하여 전화를 걸거나 문자를 보냅니다. 가족 외에는 몰랐을 특별한 날을 저처럼 기억했다가 연락을 주는 사람은 그다지 많지 않은가 봅니다. 모두들 뜻밖이라면서 고마워합니다. 이러한 일들은 메모 덕분에 가능한 것입니다.

사람의 마음을 읽을 때 또 중요한 건 역시 듣는 것입니다. 기업의 리더로서 현장에서 열심히 일하는 임직원의 의견에 귀를 기울여야 합니다. 아버지께서도 늘 저에게 하신 말씀입니다.

그래서 저는 잘 듣기 위한 규칙을 세웠습니다. 의견을 수렴할 때는 말머리를 돌리지 말고, 말허리를 자르지 말고, 말꼬리를 잡고 늘어지지 말자고 말입니다. 또한 내가 1분을 말했으면 상대방이 2분을 말하게 하고, 그 2분을 말하는 동안 세 번의 맞장구를 쳐 주자는 '대화의 1, 2, 3법칙'을 최대한 따르려고 노력합니다.

윗물이 맑아야 아랫물이 맑다는 말은 위치가 올라가면 올라갈수록, 그리고 이미 높은 위치에 올라선 사람들의 책임이 더 무겁다는 걸 알게 해주는 말입니다. 나의 품격과 심성이 곧 기업의 문화로 연결될 수 있다는 생각에 오늘도 현미경을 제 자신에게 들이댑니다.

메모로
나를 경영하라

칭찬이
필요한 시대

사람은 저마다의 기질과 재능이 서로 달라서 아침형 인간도 있고 저녁형 인간도 있습니다. 한때 '아침형 인간'을 성공하는 사람의 대표적인 유형으로 여기던 때가 있었는데, 그것은 잘못된 편견이며 사람마다의 유전인자에 의해 특성과 기질이 다르기 때문에 '다르면 다른대로 어떻게 활용하느냐의 문제'라는 연구결과가 해외에서 발표되기도 했습니다.

저는 굳이 따지자면 아침형 인간이고 또한 농사짓고 바닷일 하는 부모님으로부터 근면성을 물려받고 태어났습니다. 덕분에 몸을 쉬게 하는 적 없이 늘 바쁘게 움직입니다. 특히 몇 해 전부터 건강을 위해서 아침 등산을 거른 적이 거의 없을 정도죠. 한겨울이든 삼복의 한여름이든 상관하지 않고 산에 오릅니다. 특히 여름 산은 상쾌한 나무향과 초록빛 푸르름으로 생기와 휴식을 줍니다. 그런데 등산을 시작하고서야 깨달은 것이 있습니다.

'산이 푸르른 것은 산속의 나무 한 그루, 풀 한 포기가 모두 푸르기 때문이구나. 그렇다면 산이 푸르른 것처럼 기업의 구성원 한 명 한 명이 푸르러야 기업도 푸르게 빛나지 않을까?'

서로 다른 사람들이 모여서 저마다의 가치 있는 색깔을 뿜어낼 때, 푸르른 산보다 더 아름다운 기업이 될 수 있겠다는 나름대로의 결론도 얻었죠.

기업도 인간사의 한 부분이기에 사람 사이의 관계가 기업경영의 전부라고 말해도 지나침이 없을 것입니다. 특히 세상의 지식이 부를 창출하는 시대로 더욱 더 급속히 내몰려가고 있기에 더욱 그러하죠.

설상가상으로 이것은 끝이 아니고 이제 시작이라고 합니다. 두뇌 속에 담겨있는 아이디어, 지식, 문화, 콘셉트가 개인과 기업의 부를 더욱 지배적으로 창출하는 세상이 올 것이라는 예측이죠. 우리의 지식을 높이고, 높아진 지식을 합치고, 합친 지식으로 큰 성과를 창출할 때 우리는 빛나는 가치를 지닌 중요한 존재가 됩니다.

사람은 모두 중요한 사람이 되려는 '자기 중요감'을 갈망합니다. 그렇다면 자기 중요감을 확신하게 해주는 건 뭐가 있을까요? 바로 칭찬입니다. 칭찬과 격려는 나의 동료, 나의 상사, 내 부하의 가치를 빛나게 합니다. 비판은 쓸데없는 경우가 대부분이죠.

인간을 방어적 입장에 서게 하고 자신을 정당화하도록 안간힘을 쓰게 만드는 게 바로 비판입니다. 비판이란 아주 위험한 거죠. 한 인간의 소중한 자존심에 상처를 입히고 그의 자존감에 손상을 주고 원한을 일으키는 원인이 됩니다.

영국의 소설가 토머스 하디가 소설을 영원히 쓰지 않게 된 이유는 작품에 대한 비평 때문이었으며 영국의 천재 시인 토머스 채터튼을 자살로 몰아넣은 것도 비평 때문이었다고 합니다.

　비평보다는 칭찬이 필요합니다. 칭찬은 주는 이와 받는 이 모두를 빛나게 합니다.

　젊은 시절 분별없기로 유명했던 벤자민 프랭클린은 외교적 수완과 능숙하게 사람을 다루는 기술을 익힌 후에 프랑스 주재 미국대사가 되었습니다. 그의 성공비결이 무엇인지 물었답니다. 그의 대답은 이랬습니다.

　"나는 어떤 사람에 대해서도 나쁜 점을 이야기하지 않습니다. 사람들의 좋은 점에 대해서만 이야기하죠"

　칭찬은 고래도 춤추게 할 뿐만 아니라 위대한 사람을 만듭니다. 당대의 가장 훌륭한 성악가였던 엔리코 카루소의 경우도 그러했죠. 어느 음악선생도 그를 인정하지 않았지만, 문틈에 새는 바람소리 같다던 그의 음악적 재능은 그의 어머니의 끊임없는 칭찬과 격려에 의해 찬란하게 꽃을 피웠습니다.

　근 1세기 전에 미국 실업계에서 최초로 연봉 100만 달러를 받았던 찰스 슈왑의 말도 새겨들을 만합니다.

　"내게는 사람들로부터 열정을 불러일으키는 능력이 있는 것 같습니다. 그것은 내가 소유하고 있는 것 중 가장 중요한 재산입니다. 사람들에게 그들 최고의 가능성을 계발하게 하는 방법은 바로 칭찬과 격려입니다"

　상사로부터 꾸지람을 듣는 것만큼 인간의 향상심을 해치는 것은 없습니다. 나는 결코 누구도 비판하지 않습니다. 대신 사람들에게 일을 하도록 동기를 부여해야 한다고 믿고 있어서, 될 수 있으면 칭찬하려고 노력하고 결점을 들추어내는 것을 싫어합니다. 그 사람의 한 일이 마음에 들면 진심으로 찬사를 보내고 아낌없이 칭찬합니다.

저는 등산을 좋아합니다. 높은 산인 한라산, 설악산도 올라가 보고 집 근처에 있는 우면산에는 출근 전에 오르내리곤 합니다. 그때마다 녹음 우거진 산을 오르내리며 '나는 어떠했는가?' 반성해봅니다.

'나의 입장과 기준에서만 보고 직원들을, 친구들을 평가하고 요구하지는 않았는가? 나부터 실천하자'

아는 것을 실천하여 성과를 올리는 것을 '지식'이라고 했습니다. 때로는 쑥스러움과 어색함 때문에, 때로는 악의 없는 농담과 조크에 '진심어린 찬사와 아낌없는 칭찬'이 묻혀 버리지는 않았던가?

산을 내려가는 길. 정겨운 임직원들의 얼굴들을 하나씩 떠올리며 진심어린 칭찬과 격려가 우리 사회에 충만하여 우리 모두의 인간성의 가치가 가득 빛나는 날을 꿈꿔봤습니다.

메모로
나를 경영하라

조직의 표상

　새로 신입사원이 들어왔습니다. 그는 누구를 닮고 싶어할까요? 누구를 닮고 싶어하는 게 가장 이상적일까요? 가깝게는 일을 가르치는 사수일 수 있습니다. 팀장이나 부장일 수 있습니다. 그러나 가장 이상적인건 조직의 리더, 즉 CEO를 닮고 싶어 해야 합니다. 만약 직원들이 CEO를 전혀 닮고 싶어 하지 않는다면 그 조직은 문제가 있는 겁니다.
　사실 직원들은 자신들의 행동방식, 사고방식까지 리더를 판단의 기준으로 삼습니다. 어느 정도로 조직에 헌신해야 하는지, 얼마나 노력해야 하는지, 어떤 자리에서 어떻게 예의를 갖춰야 하는지, 공사 간에 얼마나 정직해야 하는지 등에 대해 리더의 행동을 기준으로 결정합니다. 그래서 리더는 직원들의 인생과 성공에 영향을 주는 사람일 수밖에 없습니다. 단순히 월급을 주는 사장만이 아니라는 말입니다. 그래서 부패한 리더 밑에 청렴한 부하가 나올 수 없는 것입니다.

리더는 좋은 일에 애써야 합니다. 선을 보이고 본을 보여야 합니다. 외모부터 삶까지 하나의 표준이 되어줘야 합니다.

그래서일까요? 요즘 저도 부쩍 염색을 자주 합니다. 좀 젊게 보이고 싶어서입니다. 나이를 먹으면 먹을수록 3V가 중요하게 느껴집니다. 바로 외모(Visual), 목소리(Voice), 단어(Vocabulary)죠.

깔끔한 용모가 중요합니다. 예전에 삼성 스타일, 현대 스타일이라는 말이 있었습니다. 그 스타일이 어디서 나왔겠습니까? 바로 리더의 스타일에서 출발하는 겁니다. 사람을 많이 만나야 하는 비즈니스 특성상 외모도 중요합니다. 일종의 명함이라고도 할 수 있습니다. 명함을 꺼내기도 전에 '아, 이 회사 사람들의 분위기가 이렇구나' 하고 느낄 수 있기 때문입니다.

목소리도 중요합니다. 한국 남자들은 워낙 술 담배를 많이 하다 보니 의외로 나이를 먹으면서 목소리가 탁해지는 경우가 있습니다. 그러나 이것도 사회생활하는 사람으로서 무책임한 것입니다. 하루에도 수십 통씩 전화를 하고 일주일이면 수차례의 미팅을 하는 사람들이 자신의 메시지를 전달하는 첫 번째 미디어인 목소리 관리를 소홀히 한다는 건 일종의 직무유기라고 볼 수 있습니다.

목소리만큼 단어도 중요합니다. 단어는 뱉는 것보다 고르는 게 중요합니다. 그런데 이렇게 단어를 고르려면 머릿속에 있는 사전이 커야 합니다. 저장이 잘 되어 있어야 한다는 얘깁니다. 평소에 책을 많이 읽고 좋은 문장을 익혀야 합니다. 저는 책을 읽을때 명문을 발견하면 수첩이나 에버노트에 메모하여 외우는 습관이 있습니다. 자꾸 메모한 것을 들여다보면 눈에 익어 외워지더군요. 말이 곧 내 지적 수준을 보여주고 조직의 인격을 대표

한다는 생각으로 늘 조심해야 합니다.

문서야 나중에 수정할 수 있지만 이미 뱉은 말은 그야말로 주워 담을 수가 없습니다. 나이를 먹어가면서 자꾸 뒤에 앉아서 경기를 관전하려고만 하는 사람들이 있습니다.

탤런트 이순재 씨가 연극 돈키호테에서 주인공을 맡은 나이는 77세였습니다. 30년을 넘긴 장수 프로인 전국노래자랑의 송해 씨는 구순을 바라봅니다. 배우 정보석 씨는 나이를 말할 때 스물아홉이라고 합니다. 데뷔 이후부터 나이를 센 것입니다. 사람은 나이를 먹어도 프로는 나이를 먹어선 안 됩니다.

프로라는 건 늘 현장에서 일한다는 걸 의미합니다. 그리고 아마추어와 다른 모습으로 살아간다는 걸 의미합니다. 더 나아가 프로답게 자기를 관리한다는 것도 의미하죠.

나 하나가 우리 조직의 대표적 상징이라는 생각으로 스스로를 관리해야 합니다. 그러면 언젠간 조직의 리더와 같은 위치, 같은 모습이 되어 있을 것입니다.

메모로
나를 경영하라

비즈니스는
타이밍 싸움이다

사랑과 배려의 타이밍은? 답은 '즉시'입니다. 효도의 타이밍도 지금이죠. 돈 벌어서 호강시켜 드려야지, 효도해야지 하다 보면 어느새 부모님은 늙어 있습니다. 내일의 명주 한 필보다 오늘 무명 한 필이 더 값지다는 말이 있습니다. 더 쉽게 말하면 몇 년 후에 밍크코트 사드리겠다고 약속하는 것보다 오늘 따뜻한 내복 한 벌 사드리는 게 효도라는 것입니다.

관건은 표현입니다. 요즘은 경상도 남편들도 하루에 세 마디만 하지는 않습니다. 아시죠? 하루에 하는 세 마디. "밥묵자", "아~들은?", "자자"입니다. 그런데 어쩌다 부산에 갈 일이 있어서 보게 되면 이젠 부산의 젊은 연인들의 알콩달콩함이 서울 못지않습니다. 애정 표현도 과감합니다.

예전엔 표현할 방법이 별로 없었습니다. 광고 멘트처럼 '표현할 방법'이 흔하지 않았던 것입니다.

집에 전화도 흔치 않던 시절엔 얼굴 보고 죽이 되든 밥이 되든 말을 해야

Chapter Ⅲ 메시지 경영

했습니다. 빵집이든 만두집이든 좁은 테이블을 사이에 두고 어렵게 말을 꺼내야 했습니다. 그게 사랑의 말이든 이별의 말이든 내 입으로 해야 했습니다. 하지만 요즘엔 그렇지 않습니다. 관심도 카톡으로 표현하고, 고백도 카톡으로 하고 이별도 카톡으로 한답니다. 그러나 카톡으로도 다 표현할 수 없는 마음은 여전히 남아 있습니다. 그래서일까요? 어버이날엔 여전히 카네이션이 팔립니다. 그리고 여전히 우리네 부모님들은, 그리고 저도 그 카네이션을 기쁘게 달고 다닙니다.

얼굴을 보기 힘든 시대지만 메시지 보내는 타이밍도 중요합니다. 즉 적절한 시기에 적절한 메시지를 보내는 것입니다. 최근에 우연히 TV를 보다가 <지능형 CCTV>에 대해서 아는 지인이 소개하는 걸 봤습니다. 얼른 스마트폰으로 TV화면을 찍어서 "잘 나왔다", "축하한다"는 메시지와 함께 사진을 보냈습니다. 당연히 곧바로 답장이 왔습니다.

타이밍을 제대로 잡기 위해선 속도가 관건입니다. 그런데 여기서 의미하는 속도라는 건 뭘 빨리 하라는 게 아니라 망설임을 없애라는 뜻입니다. 이메일로 보고서 보내고 결재하는 시스템이 정착된 지 오래돼서 회사마다 문서 중심으로 일이 돌아가는 게 사실입니다.

그러나 윗사람 입장에서 그 보고서가 만들어지는 동안 어떻게 일을 진행하는지 궁금하지 않을 수가 없습니다. 또 막상 보고서를 보면 "이건 미리 나한테 와서 물어보지", "이건 사전에 보고했으면 방향을 수정해줬을 텐데" 하는 아쉬운 부분들이 있습니다. 그래서 애써 몇 십 장 만든 PPT를 전면 수정하라는 지시를 할 수 밖에 없습니다. 아마 일을 하는 사람들도 불확실성과 마주하면 불안해질 것입니다.

그러나 그 불안보다 더 무서운 건 그 불안을 무시하고 넘어가는 것입니다. 불안과 마주할 때 바로 상사와 상의해야 합니다. 물론 상사에 따라선 "그것도 모르냐?"고 면박을 주는 상사도 있을 겁니다. 그러나 그건 잘못된 상사입니다. 먼저 길을 가본 사람의 책임 중 하나는 자신이 했던 실수를 부하직원이 반복하지 않게 하는 것도 있기 때문입니다.

그래서 제 생각엔 어떤 일을 진행할 때 최소한 다섯 번의 보고는 필요하다고 봅니다. 사전보고, 최초 보고, 중간보고, 최종(결과)보고, 사후 보고까지 말입니다. 이렇게 보고를 수시로 하기 위해서는 여러 가지 조건이 필요합니다. 조직이 너무 위계적이면 보고의 방식과 소통의 형태가 딱딱해질 수밖에 없고 보고의 결과가 비판과 훈계뿐이라면 누구나 보고를 두려워할 것입니다. 그래서 조직문화가 뒷받침돼야 할 것입니다.

또 한 가지는 완벽에 대한 강박을 덜어내는 것입니다. 완벽한 보고서란 사실 존재하지 않을 수도 있습니다. 요즘 같이 비즈니스 환경이 급변하는 시대에 오늘 완벽한 보고서가 내일에도 완벽하게 적용되리라는 보장이 없기 때문입니다. 결국 완벽에 대해 열려 있는 사고를 가져야 합니다. 한 개인이 가진 지적인 능력과 경험의 한계를 인정해야 합니다.

"팀은 개인보다 강하다"는 맨체스터 유나이티드의 명장 알렉스 퍼거슨 감독의 말을 마음에 새기고 모두의 지략을 모아 답을 구해야 할 것입니다. 그것이 오히려 완벽을 향한 지름길이고, 비즈니스 속도에서 앞서나가는 길입니다.

인생도, 사랑도 적절한 때가 있다

"한 박자 빠른 슈팅", "적절한 타이밍에 준 패스", "수비수의 타이밍을 뺏는 공격", 농구나 축구, 배구 등 스포츠 중계를 보다 보면 캐스터가 긴박감 넘치는 순간에 타이밍이란 말을 자주 쓰곤 합니다.

스포츠는 정해진 시간, 정해진 인원, 동일한 규칙 안에서 합니다. 그런데 이런 동일한 조건에서 승리하려면 뭔가 다른 능력이 필요한데 그 중 하나가 타이밍입니다. 상대방이 예상했던 것보다 빠르거나 느리게 움직여야 상대방을 무너뜨릴 수 있습니다.

우리 인생도 비슷합니다. 특히 대인 관계에서 타이밍은 정말 중요합니다. 쉬운 예를 하나 들어볼까요? 선을 봤습니다. 아, 요즘에는 선이란 말보다 소개팅이란 말이 더 어울리나요? 어찌 됐든 그 자리에 못 이기는 척 나가봤더니 사진보다 훨씬 괜찮은, 친구의 칭찬을 능가하는 이성이 나왔습니다. 제가 남자니까 여성이라고 합시다. 저녁 시간이 휙 지나갑니다. 저녁을 먹고 간단하게 맥주도 한잔 했습니다. 시간이 제법 늦어서 이젠 보내줘야 할 시간입니다. 남자는 당연히 애프터 신청을 하리라, 이번엔 꼭 성공하리라 다짐합니다.

그렇게 헤어지고 집에 온 뒤에 언제 애프터 신청을 해야 할까요? 아마도 각자의 입장에 따라 답이 다 다를 겁니다. 그러나 이 여자를 놓칠까 두렵다면 최대한 빠른 시간 안에 하는 게 좋습니다. 그 사람이 늘 거기 있을 것 같지만 사람과 시간은 흘러가는 거니까요. 제 생각엔 그날 밤이나 늦어도 다음 날 오전 시간에 하는 게 좋습니다. 보통 주말에 소개팅을 많이 하니까 새로운 일주일의 계획을 짜는 월요일 오전에 하는 것도 좋습니다. 그녀의 한 주 스케줄에 자신의 이름 한 줄을 당당히 넣는 겁니다. 그녀의 한 주에 중요한 사람이 되면, 그것이 한 달, 일년, 평생으로 이어질 수 있기 때문이죠.

연애를 시작하면 그 뒤에도 무수한 타이밍 싸움이 펼쳐집니다. 언제 고백을 할까? 언제 청혼을 할까? 언제 결혼을 할까? 언제 아이를 낳을까? 수많은 질문 속에서 우린 끝없이 결정을 내려야합니다. 그러나 언젠간 내려야 할 결정이라면, 피할 수 없는 결정이라면 최대한 빨리 내리고 결과를 감수하는 게 좋습니다.

사실 사소한 안부 인사나 감사 인사, 중요한 메모의 전달에도 타이밍이 중요합니다. 신문에서 지인의 부음이나 승진 등 경조사 소식을 접할 때가 있습니다. 그럴 땐 망설이지 않고 위로의 인사, 축하의 인사를 보냅니다. 특히 위로의 인사는 절대 머뭇거리지 않습니다.

황정민 씨가 나온 <남자가 사랑할 때>라는 영화 보셨나요? 평생 건달로 살면서 사랑 표현 잘 못하던 남자가 사랑하는 여자의 아버지가 돌아가시자 오라고 하지도 않았는데 그 상가에 갑니다. 그곳에 조문객이 아무도 없으니까 바로 전화기를 듭니다. 그리고 자신이 사채업 하면서 알던 인맥들을 모두 상가에 부릅니다. 당연히 여자는 모르는 사람들입니다. 조문하러 온 사람도 정작 누가 돌아가셨는지 모릅니다. 그러나 여자는 거기서 남자에게 고마움을 느낍니다. 사람의 드나듦만으로도, 황망히 건네는 위로의 인사만으로도 슬픔은 줄어들 수 있기 때문입니다.

축하한다는 짧은 문자메시지나 말도 수많은 축하 인사 속에 묻힐 수 있겠지만 그래도 머뭇거리지 않는 게 좋습니다. 축구에서 골 터진 다음에 선수들이 달려와 골 넣은 선수를 축하해줍니다. 저 뒤쪽에 있던 수비수도 신나게 달려와 얼싸 안습니다. 그게 한 팀임을 확인하는 확실한 순간이기 때문입니다.

저는 아는 분의 칼럼을 봐도 그냥 넘어가지 않습니다. 얼른 문자를 보냅니다. "좋은 칼럼 잘 봤습니다" 아홉 글자의 단문으로 아주 짧죠. 그런데 이 짧은 말이 그 분한테는 정말 큰 힘이 됩니다. 생각해 보세요. 몇 천 명, 몇 만 명이 볼 지도 모르는 신문에 자신이 쓴 글이 실립니다. 며칠을 고민합니다. 밤잠을 설칩니다. 원고를 보내는 그 순간까지 고칠 곳이 없나 살핍니다.

그렇게 산고를 겪고 나온 자신의 글을 사람들이 어떻게 읽었을까 얼마나 궁금할까요? 그 평이 어떨지 얼마나 불안하겠습니까? 이럴 때 누군가 좋았다는 말 한마디만 해주면 그 사람은 정말 큰 힘을 얻을 겁니다.

신년 인사는 또 어떤가요? 한 해 마지막 날 밤이나 새해 아침이면 전화가 쉬지 않고 울려댑니다. 문자가 오고 전화가 옵니다. 메일이 쏟아집니다. 그렇게 부산한 와중에 정갈한 연하장 한 장 오면 그렇게 반가울 수가 없습니다. 연하장은 우리를 사람답게 살게 해준 고마운 분들에게 보내는 예의 담긴 신년 인사입니다.

우리가 흔히 육필, 친필하는데 여전히 손글씨의 힘은 대단합니다. 짧은 말이라도 직접 써서 제때 도착하게끔 연하장을 보내면 그 어떤 긴 문자나 메일보다 기억에 오래 남습니다.

오늘 건네야 할 말이 있었나요? 오늘 보내야 할 인사가 있었습니까? 오늘 위로와 축하가 필요한 사람이 있었나요? 지금 하셔야 합니다. 지금 써서 보내야 합니다. 모든 말과 글에는 때가 있습니다.

메모로
나를 경영하라

오경수의 경영이야기

고향집에 올 때마다 마루에 걸린 어탁에 한참씩 눈길이 머무는 이유는 유년 시절 아버지와 함께 한 추억 때문입니다. 해녀였던 어머니께서 깊은 바다에 들어가 "호오이, 호오이" 긴 숨을 내쉬며 전복과 소라를 따고 계실 때면 아버지와 저는 갯바위에서 고기를 잡곤 했습니다. 내게 걸려든 고기는 어랭이 등 잔챙이 뿐이었고 어쩌다가 작은 우럭도 낚았지만 아버지는 늘 신기하게도 큰 우럭, 북바리, 갯돔 등 씨알 좋은 큰 것만 낚아 올리셨죠.

아버지가 잡은 큰 것들에는 큰 정성이 숨어 있다는 걸 안 것은 밤낚시 때 다금바리를 실랑이하며 낚아 올린 사연을 아버지로부터 듣고 난 다음이었습니다. 그 첫 번째 이유는 다름 아닌 미끼였습니다. 살아있는 새우와 미꾸라지, 오분자기 등 다소 투자비용이 들어가는 미끼를 사용한다는 사실이었죠. 두 번째는 목 좋은 위치 선정, 세 번째는 손끝에 신호가 왔음을 감지하는 감각 훈련, 네 번째는 몰입과 집중력, 그리고 마지막으로 밀물과 썰물의 시기, 즉 물때를 고려하는 것이었습니다. 저는 아버지께 배운 이것을 늘 경영에 대입해왔습니다.

"바다에 빠지면 바로 바위에 오르려 허우적거리지 말고 바다쪽으로 헤엄을 쳐라. 그리고 그곳에서 파도의 리듬을 읽고 바위에 올라라" 어머니가 늘 가르쳐주시던 이 말씀은 바다에 빠지면 당황해 곧바로 갯바위를 잡으려고 하다가 큰 파도에 머리를 다칠 가능성이 있으니 조금만 헤엄쳐서 바다 가운데로 나아가 어느 바위로 오를 건지를 살피고 나서 뭍으로 올라오면 된다는 뜻인데, 리스크 상황에서 내가 어떻게 행동해야 하는지에 대한 방향을 명확히 알려주었습니다.

'리스크의 중앙으로 들어가라!!!'는 위기상황 대처법을 터득하게 되었죠.

CEO 재임 기간 동안 경험하고 펼쳐왔던 저, 오경수만의 경영이야기를 들려드리겠습니다. 물론 제 생각과 방식이 모두 옳다는 건 아닙니다.

[경영노트에 메모하는 모습]

굴화위지 - 좋은 사람은 좋은 땅에서 난다

요즘 젊은 친구들을 보면 저희 때보다 능력이 뛰어납니다. 일찍감치 해외 경험도 많이 했고 공부도 많이 했습니다. 외국어도 잘합니다. 그런데 기업 임원들을 만나면 "요즘 정말 쓸 만한 인재가 없다"고 자주 말합니다. 그런 얘기를 들을 때마다 귤화위지(橘化爲枳)라는 고사성어가 생각납니다.

강남의 귤을 강북에 심으면 탱자가 된다는 이 말은 춘추시대 초나라의 영왕과 제나라의 재상 안자 사이의 지혜 다툼에서 나온 말입니다.

남쪽의 초(楚)나라 영왕(靈王)은 명성을 드날리고 있는 제(齊)나라의 재상(宰相) 안자(晏子)의 기를 꺾어 볼 속셈으로 자신의 나라로 초청을 합니다. 안자(晏子)를 접한 영왕(靈王)이 바로 안자에게 그의 왜소한 단신(短身)을 비꼽니다.

"제나라에 사람이 얼마나 없길래 자네 같이 작은 사람을 보냈소" 그러자 안자가 대답합니다.

"어깨를 맞대고 다닐 정도로 사람은 많지만 나라의 크기와 상황에 맞게 인물을 골라 뽑아 보내는 관례가 있어서 제가 오게 됐습니다"

영왕이 한방 먹었습니다.

[고향집 귤밭]

다음날 반격의 기회를 노립니다. 궁전 안으로 병사들이 죄인 한 명을 호송해 들어올 때 영왕이 불러 세웁니다. 그리고 묻습니다. 물론 사전에 짜인 각본대로 말입니다.

"그 죄인은 어느 나라 죄인이고 무슨 죄를 지었느냐?"

병사들은 "제나라 죄인인데 도둑질을 했습니다"라고 대답합니다. 그러자 영왕은 안자에게 비꼬듯이 묻습니다. "제나라 사람들은 원래 도둑질을 잘 하는가?"

이 대목에서 바로 귤화위지가 나옵니다.

"강남(江南)에 있던 귤(橘)을 강북(江北)에 옮겨다 심으면 탱자가 되고 마는데, 그것은 토질(土質)이 다르기 때문입니다. 제나라 사람이 제나라에서 살 때는 도둑질이 무엇인지 모르고 자랐는데, 그가 초나라에 와서 도둑질을 한 것을 보면 역시 초나라의 풍토(風土)가 나쁜가 봅니다"라고 안자가 대답합니다.

영왕은 안자의 기지에 탄복해서 크게 잔치를 열어 대접했다고 합니다.

제가 시큐아이 CEO가 됐을 때 아버지께서는 귤화위지에 대한 고사를 말씀해 주셨습니다. 직원들은 곧 기업환경의 영향을 받으며 성장하기 때문에 훌륭한 인재가 될 수 있도록 환경 조성을 잘 해주는 것이 CEO의 몫이 아니겠냐는 뜻에서 하신 얘기셨죠.

귤 농사를 평생 지어오신 아버지의 말씀이라 가슴에 더 다가왔습니다. 모든 과수 농사가 그렇듯이 과수 농사가 얼마나 잘 되느냐는 농부의 손에 달려 있습니다. 귤꽃이 많이 달리면 꽃을 솎아주고 장마가 지나고 태풍이 가고 나면 소독도 제때 해줘야 합니다. 나무가 아무리 좋으면 뭐 하겠습니까? 이런 농부의 수고가 없으면 길가의 가로수로 전락하는 건 시간문제입니다. 결국 직원들을 인재로 육성하기 위해서는 제대로 교육시키고 키워줘야 합니다. 직원이 성장해야 회사도 큽니다.

그것은 결국 신뢰와 소통이 밑바탕이 되어야 합니다. 아버지는 20년 동안 부산에 있는 친구 분한테 매년 귤 한 상자씩을 보냅니다. 얼핏 들으면 쉬운 일 같지만 실천하기란 결코 쉽지 않습니다. 생각보다 어렵습니다. 과일 농사는 해를 걸러 잘되고 안되고 합니다. 매년 같은 나무에 같은 품질의 과일이 열리지 않는다는 것입니다. 그런데 풍작일 때나 흉작일 때나 친구에게 한결같이 귤을 보낸다는 건 아무리 가까운 사람이라도 신의를 지켜야 한다는 믿음 때문입니다.

기업도 마찬가지입니다. 리더가 말하면 스스로 먼저 지켜야 합니다. 앞서도 말했지만 리더가 곧 조직의 표상이기 때문입니다. 직원들과도 꾸준히 소통을 해야 합니다. 체육대회 한 번, 야유회 한 번으로 직원들이 단합하고 사장과 직원의 거리가 좁혀지는 것이 아닙니다.

그리고 지위가 높아질수록 현장과 거리를 두곤 하는데 그 반대여야 합니다. 리더가 직원 성장에 책임이 있다면 그들이 성장하는 현장을 늘 찾아봐야 합니다. 귤은 주인의 발자국 소리를 들으며 자란다는 아버지의 말처럼 조직과 구성원들의 성장도 항상 현장을 놓치지 않는 리더의 부지런함 속에서 이뤄지는 것입니다.

창조적 혁신 – 변화의 최전방에 서야 한다

'포스트잇'으로 유명한 3M은 100년이 넘는 역사를 이어온 미국의 대표적인 장수기업입니다. 이 기업이 오랜 기간 탄탄한 경영구조와 긍정적인 대외 인지도를 이어올 수 있었던 원동력은 '혁신'과 '창의력'이라는 핵심가치에 있습니다.

창의력을 최우선으로 하는 경영원칙은 산업 역사를 바꾸는 각종 상품들을 탄생시켰습니다. 자동차에 사용하는 마스킹 테이프에서부터 스카치테이프, 쉽게 떼고 붙일 수 있는 편리함으로 사무용품에 일대 혁신을 가져온 포스트잇 등 그 종류가 수만 가지에 이릅니다.

3M의 임원들은 직원들에게 "실패 때문에 상사에게 비난받는 것을 두려워하지 말고 자신의 생각에 따라 도전하라!"고 강조합니다. 100년 이상의 역사를 이어오면서 실패의 위기에 직면한 경우가 여러 번 있었지만, 그때마다 살아남고 성장해온 건 역설적으로 실패를 자산화하고 실패를 두려워하지 않는 도전정신이 있었기 때문입니다.

혁신과 도전, 창의성 발휘를 꾸준히 장려한 덕에 개발한지 3년이 안된 신상품이 전체 매출의 30%를 차지하고 있습니다. 또 3M이 보유하고 있는 특허만도 500여 개가 넘을 정도입니다.

단순해 보일 수도 있지만, 회사의 근간을 이루는 핵심가치를 명확하게 정립하고 이것을 임직원과 공유하는 것이야말로 초일류기업의 전제 조건입니다. 그래서 '혁신과 창의력에 대한 존중'이라는 3M의 핵심가치야말로 100년의 역사를 가능케 한 3M 성공의 가장 중요한 요소인 것입니다.

혁신을 얘기하면 벤치마킹부터 먼저 떠올립니다. 그런데 그 벤치마킹조차 잘하지 못합니다. 따라하기를 벤치마킹으로 착각하고 답습합니다. 한 번 성공한 방법을 그대로 흉내냅니다. 혁신은 좋은 쪽으로의 변화를 뜻하는 건데 따라하기식 수동적 변화만을 꾀합니다. 그 이유는 변화에 대한 공포 때문입니다. 혹시 잘못될까, 혹시 실패해서 책임을 지게 되는 건 아닌지 두려워하고 겁내는 거죠. 그래서 결국 안전한 베끼기식 혁신만을 찾게 되는 거구요. 그런데 안전한 혁신은 누구나 할 수 있기 때문에 오히려 더 치열한 경쟁으로 내몰리게 됩니다.

미국 컬럼비아대 경영대학원의 번트 슈미트 교수는 트로이 목마 하나로 오랜 전쟁을 단숨에 끝낸 오디세이처럼 시장을 확 뒤집으라고 말합니다. 이런 창조적이고 대담한 아이디어를 '큰 생각(Big Think)'이라고 말합니다. 고정관념에 갇히지 않은 열린 사고와 창의적인 발상을 말합니다.

이런 큰 생각에서 탄생된 것이 아이팟입니다. MP3를 처음 만든 것은 애플이 아니었지만 냅스터의 서비스 원리를 MP3플레이어에 접목시킴으로써 음악 산업 자체를 바꿔 놓았기 때문입니다.

이런 창조적 혁신을 하기 위해서는 세 가지 변화가 있어야 합니다.

첫째, 고정관념에서 벗어나야 합니다. 사고의 범위를 한정 짓는 고정관념에서 벗어나 창의성, 혁신, 오감을 모두 갖춘 전략을 구사해야만 합니다. 최근 들어 비약적 성공을 거둔 글로벌 기업들의 상당수는 이런 고정관념을 바꿔 업계의 거대한 흐름을 변화시켰습니다.

둘째, 언제나 새로운 것을 시도해야 합니다. 애플의 아이폰은 사람들의 라이프 스타일을 변화시킨 혁신적인 제품입니다. 하지만 그걸 보고 아이폰 비슷한 것을 만들겠다고 나서면 안 됩니다. 안전하게 베끼는 것을 택하기보다는 위험해도 혁신을 꾀해야 합니다. 소니가 퇴보하게 된 가장 큰 이유는 인터넷 부서는 인터넷 관련 사업만, MP3 관련 부서는 그쪽 업무만 생각하는 전 근대적인 조직문화적 관행 때문이었습니다.

셋째, 창의적인 발상을 전략화해야 합니다. 아무리 아이디어가 좋다고 하더라도 회사의 기존 사업에 얽매여 방향이 흔들리게 된다면 핵심 아이디어는 퇴색될 가능성이 큽니다. 특히 창의적인 아이디어는 처음에는 부서지기 쉽고, 허술하게 보일 수도 있습니다. 그러나 그 아이디어를 전략으로 바꾸는 과정이 동반되면 그것은 승리의 차별화된 무기가 됩니다.

사람 중심 경영 - 사람이 먼저다

「성경」에서는 "남에게 대접받고 싶은 대로 남을 대하라!"고 가르칩니다. 이걸 황금률이라고 합니다. 존중받고 싶은 만큼 남을 먼저 존중하라는 이 말은 경영에도 꼭 필요합니다.

일반적 생각과는 달리 조직 구성원들은 급여나 복지 같은 물질적 혜택보다는 인간적으로 존중받기, 다양한 업무 경험, 자기계발 등의 가능성과 기회 등에 더 많은 동기 부여를 받습니다. 그중에서도 타인으로부터 존중받고자 하는 욕구는 그 무엇과 비견할 수 없을 정도로 중요합니다.

구성원으로부터 진정으로 열정과 몰입을 이끌어내려면 가식이 아닌 마음속으로부터의 존중과 배려가 필요합니다. 모든 구성원들을 하나 같이 존중하되 그러한 존중과 배려를 실제로 구성원들이 피부로 느낄 수 있도록 적극적 행동으로 보여주어야 합니다.

미국 의류소매업체 '맨스 웨어하우스(Men's Wearhouse)'는 '사람 중심 경영'이라는 새 문명의 현상을 보여주는 기업입니다. 직원에 대한 과감한 투자, 개인 실적보다 팀을 중시하는 독특한 보상체계로 업계 1위를 기록하고 있죠.

1973년 자본금 7,000달러로 시작한 이 회사는 30여 년이 지난 지금 미국과 캐나다에 650여 개 영업점과 1만 명이 넘는 종업원을 거느린 대규모 남성정장 의류소매 체인점으로 성장했습니다. 1999년 이후 한 해도 거르지 않고 <포천>지가 선정하는 가장 일하고 싶은 100대 기업에 들고 있습니다.

제프리 페퍼 미국 스탠퍼드대 교수는 "21세기 지식기반 경제 환경에서는 사람에 대한 투자, 직원들의 업무경험에서 나오는 지식과 노하우가 기업의 성공을 좌우한다"고 말합니다.

사람 중심 경영은 기업의 생산관리, 직원관리 부문에서도 나타납니다. 생산성 제고를 위해 인간을 소모품 취급하는 산업혁명 이후의 구시대적 기업문화로는 21세기에 살아남을 수 없습니다. 그 증거를 맨스 웨어하우스가 보여주고 있습니다.

창업자 조지 짐머(George Zimmer)의 뒤를 이어 이 회사 사장에 오른 찰리 브레슬러(Charlie Bresler)는 "회사의 성공 요인 중 가장 중요한 것은 직원에 대한 존중과 투자였다"고 말합니다. 그리고 "모든 구성원들이 회사의 핵심가치와 문화에 대해 강한 연대의식을 가지고 큰 의미와 보람으로 삼도록 하고 있다. 따뜻한 배려를 통해 일궈내는 인간의 에너지가 궁극적으로 기업의 성공을 가져온다"고 덧붙입니다.

건강한 조직의 의미는 무엇이라고 생각하시나요? 미국 최대 에너지 기업이었던 엔론(Enron)이 실패한 진짜 이유는 무엇일까요? 엔론이 망한 건 시스템적 사고를 키우는 직원 교육이 부족했기 때문입니다. MIT 슬론 경영대학원의 피터 셍게 교수는 단기적인 성과만을 강조하며 직원들을 벼랑 끝으로 몰아넣는 조직문화가 결국 엔론을 '죽였다'고 진단했습니다.

물론 기업경영에 있어 조직원들에 대한 통제는 중요합니다. 그러나 이것이 전부는 아닙니다. 통제를 너무 강조한 나머지, 사람들이 실수하기를 두려워하고 서로 눈치 보는 환경을 조성한다면 더 큰 문제가 생길 수밖에 없기 때문입니다.

우리는 조직에 몸담고 있으면서 자신이 존재하는 이유와 그에 따른 부수적 조건을 따집니다. 그래서 한 조직에서도 늘 편을 가르는데 익숙해서 '나는 연구, 너는 제조, 그는 판매, 그녀는 재무부문'이라며 끊임없이 사람들을 편가르기 합니다.

이렇게 자기 부서만의 목적과 이익을 앞세우는 사람들로 이뤄진 조직은 진정한 의미의 조직이 아닙니다. 같이 모여 있기만 할 뿐 실질적으로 함께 일은 하지 않는 것입니다. 그들은 그저 자신이 맡고 있는 부문의 이익과 성과를 위해, 또 자신들의 조건을 보호하기 위해 일할 뿐입니다. 공동의 목표를 향해 서로의 가능성을 믿고 협력하는 조직을 만들기 위해서는 같이 머리를 맞대고 함께 살아남기 위해 노력해야 한다는 정신을 심어줘야 합니다.

패트릭 유잉 효과라는 게 있습니다. 패트릭 유잉은 미국 NBA의 뉴욕 닉스의 전설적인 센터로 역대 4대 센터라는 말을 들을 정도로 잘 했던 사람입니다. 그런데 그가 있던 닉스는 우승과는 거리가 좀 있었습니다. 불행히도 마이클 조던과 같은 시대에 있었기 때문이기도 하지만 팀원들이 패트릭 유잉에게 너무 의존했기 때문입니다. 그래서 패트릭 유잉이 부상을 당해 안 나오는 경기에서 승률이 더 높곤 했습니다. 선수들이 더 정신 차리고 서로의 단점을 보완하기 위해 어시스트도 많이 하는 팀플레이를 했기 때문입니다. 그래서 이를 패트릭 유잉 효과라고 부르게 된 거죠.

모든 조직원들이 비전을 공유하는 환경을 만들기 위해서는 서로 신뢰하는 환경을 만드는 것이 중요합니다. 서로 속을 터놓고 이야기할 수 있는 건강한 조직은 문제를 실시간으로 파악하고 이를 그때그때 해결할 수 있기 때문입니다.

유년 시절, 잘못을 뉘우치지 않거나 거짓말을 했을 때 선생님이나 부모님으로부터 이런 말을 듣곤 했습니다.

"가슴에 손을 얹고 잘 생각해 보아라"

생각은 뇌로 하는 것인데 왜 가슴에 손을 얹고 하라고 했을까요? 이 말은 진정성, 진심이 머리가 아닌 가슴, 즉 마음에 있음을 뜻합니다. 세상을 지배하는 사람은 머리가 아닌 마음을 움직이는 사람입니다. 위대한 리더일수록 머리가 아닌 마음으로 부하나 조직원들을 공략합니다. 어떤 기준의 잣대나 논리만으로 지시한다면 공감을 불러일으키지 못하게 됩니다. 왜냐하면 마음을 움직이지 못하기 때문이거든요.

영화 명량에서 보면 13척의 배를 갖고도 군사들이 죽기를 각오하고 이순신 장군을 따른 것도 마음을 움직였기에 가능했던 겁니다.

이 말은 리더의 지시가 머리가 아닌 마음에 전해져야 한다는 뜻입니다. 즉 경영은 경영 목표 달성이 중요하지만, 건전한 조직문화 형성과 더불어 인재육성이 무엇보다도 중요한 것입니다.

저는 CEO 재직시절 팀장 이상 직원들의 과거 인사기록카드를 문제삼지 않았습니다. 현재와 미래가 중요했기 때문입니다.

모든 팀장을 'Little CEO'라고 칭하면서 자부심을 불러 일으켰죠.

사랑을 해보신 분들은 알겁니다. 사랑도 마음을 움직여야 가능하다는 것을. 영화나 드라마 등의 영상물, 책이나 그림, 음악, 뮤지컬 등의 예술작품도 독자나 관객의 마음을 움직이느냐에 따라 성공여부가 갈립니다. 조직원의 마음을 움직였을 때 일은 구태여 억지로 시키지 않아도 저절로 완수됩니다.

강진 유배지에서 다산 정약용이 500권을 저술할 수 있었던 것도 18명의 제자들이 신뢰로 뭉쳐서 힘을 합했기 때문이었습니다.

리더뿐만 아니라 동료나 상사, 후배와의 관계에서도 마찬가지입니다. 마음을 움직여 감동시켜야 좋은 유대관계가 형성되고 이는 곧 신뢰로 이어져 견고한 팀워크 속에 좋은 성과를 도출해냅니다. 물론 어려운 역경이나 고비도 잘 헤쳐 나갈 수 있게 되는 것이구요. 머리로 이해는 되지만 감동하지 않으면 행동하지 않습니다.

그만큼 상대방의 마음을 움직이는 일은 중요하면서도 어렵습니다. 그렇다면 상대의 마음을 움직이려면 어떡해야 할까요? 어떻게 해야 마음을 얻을 수 있을까요?

간단합니다. 내 마음을 진심으로 나눠주면 됩니다.

상생경영 – '더불어 함께'가 필요한 세상

1968년 설립된 인텔이 10년도 채 되지 않아 포천지가 선정한 50대 기업으로 성장한 비결은 무엇이었을까? 바로 벤처기업들과의 상생이었습니다. 산업화 시대의 경쟁 논리에 빠져있던 여타 기업들이 자체 신기술 개발에 몰두하고 있을 때 인텔은 차세대 공정 개발에 필요한 첨단 기술을 신생 벤처기업들에게서 신속하게 공급받았습니다. 그 결과 인텔은 다른 경쟁 기업들을 제치고 세계적인 기업으로 성장할 수 있었던 것입니다.

치열한 경쟁 속에서 신뢰를 기반으로 한 협력이 강조되고 있습니다. 산업이 융·복합화되고 기술이 복잡해지면서 개별 기업 단위의 성장이 갈수록 어려워지고 있기 때문입니다. 최근 들어 동반성장이 화두가 되는 이유도 같은 맥락입니다.

선진국들은 이미 사회문화적 의식과 경제발전 단계를 고려한 동반성장 모델을 구축해 왔습니다. 시장자본주의가 발달한 미국은 시장 중심형 모델을 만들었으며, 집단 중심의 신뢰 깊은 문화를 형성하고 있는 일본은 고유의 문화를 기반으로 한 생산성 향상 모델을 발전시켜 왔습니다. 상대적으로 후발주자인 유럽은 정부가 주도적으로 생산성을 제고하고, 기술 혁신을 촉진하는 정책주도형 방식을 채택하고 있습니다.

동반성장은 어느 한쪽의 양보와 희생으로 이루어지는 것이 아닙니다. 대기업이나 중소기업, 벤처기업 등 핵심 경제주체들이 각자가 가진 고유한 역량을 바탕으로 협력 관계를 구축하고 함께 성장해가는 것입니다.

과거에도 동반성장을 위한 움직임이 있었습니다. 그러나 지속적인 협력을 추구하기보다는 일회성 행사로 끝나는 경우가 많았는데 최근에는 기술 개발이나 시장 개척 등을 공동으로 추진하는 사례가 늘어나고 있습니다.

특히 중소기업과 협력체계가 많은 IT서비스 기업들이 동반성장에 적극적입니다. 롯데정보통신은 기술력이 뛰어난 중소기업의 해외시장 개척에 앞장서고 있습니다. 베트남과 인도네시아 등 현지법인을 통해 중소기업의 제품을 소개하고 있으며, 신규 솔루션 개발 및 사업영역 확대를 위해서도 중소기업과의 협력을 강화하고 있습니다.

롯데정보통신 CEO로 재직하면서 가장 중요시했던 것은 우리 사회 이해 관계자들과의 신뢰를 구축하는 윤리경영과 원원하는 바로 상생경영이었습니다. 이를 위해 협력업체와의 원활한 의사소통을 통한 협력체제 구축을 위해 '파트너스 데이'를 정례화하여 운영해 왔습니다. 이는 사업계획의 공유 및 건의사항에 대한 의견을 나누는 중요한 대화 채널이 되었습니다.

또 서로의 노하우 공유를 통해 새로운 비즈니스 모델을 개발하는 등 협력의 기회를 확대할 수 있었고 전략적 제휴 관계사, 기술적

[상생경영을 실천한 파트너스 데이]

협력이 이루어지는 솔루션 개발사 등 많은 기업들과 세분화 및 전문화된 협력의 자리를 마련하는 등 서로가 원원하는 새로운 상생경영 모델을 만들어냈습니다.

성공적인 상생경영의 조건에는 몇 가지가 있습니다.

첫째, 기업 간 활발한 정보공유가 이루어져야 합니다. 기업경영에서 정보는 중요한 자산 중 하나로 부각되고 있으며 기업 발전과 이익을 가져다주는 자원으로 인식되고 있습니다. 그래서 기업 간 정보전은 갈수록 치열해지고 있습니다. 그러나 대기업과 중소기업 간에는 정보 전쟁에서의 전투력에 큰 차이가 있습니다. 이로 인해 기업 간 격차는 더욱 벌어지고 협력에 있어서도 동등한 관계를 갖지 못하는 게 사실입니다. 이 때문에 온라인과 오프라인, 정기 혹은 수시를 막론하고 상호 간 정보공유에 있어 지속적이고 활발한 커뮤니케이션을 진행해야 합니다.

보안에 위배되지 않을 정도의 사업계획을 공유하며 CEO경영아카데미 강좌를 개설하여 CEO인 제가 직접 파트너사에 가서 경영 노하우를 강의하는 자리도 마련했습니다. 특히 직장인의 자세, 정보와 휴먼네트워크 등을 주제로 특강하면 반응이 좋은 편이었습니다.

상생이라는 것은 사자성어의 순망치한(脣亡齒寒)처럼 나의 성장이 상대방에 의해 좌우되는 경우가 많기 때문이라는 걸 강조했습니다. 한 기업의 CEO가 파트너사에 직접 와서 강의를 한다는 데에 대한 고마움, 똑같은 말이라도 아들이 아버지 말보다 아버지의 친구 말을 더 잘 듣는다는 것처럼 호응을 보여주었죠.

둘째, 상생을 위한 프로세스 개선이 이루어져야 합니다. 대기업은 중소기업의 탄력적인 조직문화와 기술 역량을 기반으로 한 경영 효율성을, 중소기업은 대기업이 구축해놓은 인프라와 노하우를 통해 세계 시장에서 승부를 걸 수 있는 토대를 마련해야 합니다. 중소기업의 품질역량 향상을 위해 대기업이 표준화된 기술교육 방법론을 전수하는 것도 하나의 방법일 수 있습니다.

시장은 끊임없이 변화하고, 그에 따라 기업들이 가진 경쟁력도 수시로 변화하고 있습니다. 이런 상황에서 대기업과 중소기업이 서로의 장점을 최대한 활용했을 때, 그 적응력과 성과는 극대화될 수 있을 것입니다.

셋째, 상생 문화가 정착될 수 있는 사회적 분위기 조성이 필요합니다. 상생이 기업의 문화와 관행으로 정착되고 더불어 이를 실천하려는 개개인의 의지가 더해질 때 건강한 상생 생태계가 만들어질 것입니다.

그리고 마지막으로 서로 정직해야 합니다. 거짓은 잠시 덮을 수 있지만 곧 탄로나게 되어 있습니다.

예전 유년시절, 거짓말을 해서 어머니한테 꾸중을 들었던 기억이 떠오릅니다. 몰래 먹는 귤이 맛있고, 몰래 먹는 고구마가 정말 맛있듯 유달리 고구마를 좋아했던 나는 부모님이 추수해 놓은 고구마를 몰래 꺼내어 먹는 경우가 많았습니다. 그냥 옷에 슥슥 문질러 껍데기를 대충 이빨로 긁어내고 먹어도 우리집 고구마는 정말 맛이 좋았거든요.

하루는 어머니가 나를 보고 고구마 먹었냐고 물어보길래 안먹었다고 오리발을 내밀다 어머니께 매를 맞으며 몹시 혼 난 적이 있습니다. 그땐 몰랐습니다. 고구마를 먹으면 입 주위에 녹말이 묻어 시커멓게 변한다는 것을… 몰래 먹어서 혼이 난 것이 아니라 거짓말을 했기에 맞은 매였던 것입니다.

'죽어서도 거짓말을 하지 말라'고 하신 도산 안창호 선생님을 흠모하게 된 이유도 어릴 때 이런 기억이 있어서입니다.

기업경영에서도 중요합니다. 이해관계자들에게 진정성을 가지고 정직해야 동반성장을 이룰 수 있기 때문입니다. 이런 정도경영으로 도산벤처상과 동탑산업훈장도 수상할 수 있었죠.

실제로 많은 기업들이 대기업과 중소기업의 협력을 위한 '파트너스 데이' 등을 정례화하여 상생의 기반을 다지고 있습니다. 경쟁력 향상을 위한 서로의 끊임없는 노력과 상생 협력 생태계 조성은 균형적인 산업 발전과 시너지 창출의 원동력이 될 것입니다.

대기업과 중소기업의 독자 생존이 아닌 동반성장에 우리의 경쟁력이 달려있습니다. 중요한 것은 굳은 신뢰를 바탕으로 서로가 협력관계를 어떻게 지속할 것인가입니다. 미래지향적으로 실천하는 동반성장, 이것이 우리가 추구하는 상생의 지향점입니다.

디테일 경영 - 기본에서 비롯된다

어느 기업의 신입사원 채용 면접 장소에 종이뭉치가 떨어져 있었습니다. 다들 긴장했던 탓인지 아무도 그걸 치우려고 하지 않았는데, 오직 한 지원자만이 면접 후 나가면서 바닥에 떨어진 종이를 주웠습니다. 그리고 그 종이엔 이렇게 써 있었죠.

'우리 회사에 입사한 것을 축하합니다.'

중국의 경영 컨설턴트인 왕중추 소장은 큰 성공을 이루기 위한 열쇠는 '디테일'에 있다며 '작은 일에 충실하라'고 강조합니다. 그가 말하는 디테일이란 어떤 일의 중심이나 기초가 되는 부분을 뜻합니다. 단순한 잔일이나 작은 요소들과는 의미가 다릅니다. 책상 위에 있는 연필꽂이를 예로 든다면, 색상, 모양, 재료 등이 모두 디테일에 속합니다. 제품을 만들 때 반드시 신경을 써야 하는 핵심 부분에 신경 쓰는 것 그것이 디테일입니다.

원대한 전략도 결국 세세한 디테일에서 시작됩니다. 혁신적인 기업으로 유명한 중국 최대의 전자회사 하이얼 그룹의 장루이민 회장도 '혁신은 기업의 모든 디테일한 부분에서 나온다'고 강조하고 있습니다. 일본인 직원에게 하루에 책상을 6번씩 닦으라고 하면 그대로 하는데, 중국인 직원은 처음 이틀간은 6번 닦고 다음 날 부터는 5번, 4번으로 차츰 횟수가 줄어든다고 합니다. 중국산 제품이 해외에서 비싼 값에 팔리지 못하는 것은 정도를 지키거나 그 정도를 유지하는 디테일이 부족하기 때문이라는 것입니다.

작고 사소한 것을 무시하면 만회할 수 없는 심각한 타격을 입을 수 있음을 명심해야 합니다. 천리 둑도 작은 개미구멍으로 인해 무너질 수 있는 것처럼 말입니다.

'100-1=0'이라는 말처럼 하나의 실수로 모든 걸 잃을 수 있다는 것입니다. 기업들이 앞다투어 정보자산을 보호하는 데이터센터(Data Center)나 재해복구센터를 구축하는 것도 전산장애를 없애고 사소한 부주의로 인한 피해를 막으려는 디테일 경영의 일환입니다.

만리장성은 하루아침에 쌓을 수 없다고 말합니다. 디테일 경영은 이제 모든 기업의 목표가 됐습니다. 디테일 경영을 실천하기 위해서는 전문성을 바탕으로 시스템화, 데이터화, 그리고 정보화라는 세 가지 요건을 갖추어야 합니다.

디테일 경영이란 최신 경영방식, 신뢰성 있는 정보, 우수한 기술력을 바탕으로 각 경영단계를 철저히 관리해 효율성을 높이는 것입니다. 경쟁이 심한 시장에서 일류 기업이 되기 위해 가장 중요한 일은 디테일 경영의 강화입니다.

깨진 유리창의 법칙(Broken Window Theory)이란 깨진 유리창처럼 어쩌면 사소해 보이는 일들을 방치해 둔다면, 나중에는 더 큰 결과로 확대되어 나타날 수 있다는 범죄 심리학의 이론을 말합니다.

건물 주인이 건물의 깨진 유리창을 그대로 방치해 둔다면 지나가는 행인들은 이 건물은 관리를 포기한 건물로 간주하고 나머지 유리창도 모두 깨뜨려 건물 자체를 정상적이지 못한 상태로 만들어 버린다는 것이죠.

그렇듯 기본을 벗어난 아주 사소한 것이 조직을 망가뜨리고 기업을 넘어뜨릴 수 있습니다.

경영이든 운동이든 공부든 무엇이든 기본이 중요한 것 같습니다.

현장 경영 - CEO는 위기관리 최고책임자

리스크는 어디에나 있습니다. 다만 그것이 일어날 확률이 차이가 날 뿐입니다. 예전에 타워링이라는 영화를 본 적이 있습니다. 이 영화의 핵심 인물들은 리스크를 보고 대비를 해야 된다고 하는 사람, 리스크를 보고 과소평가하는 사람, 리스크를 전혀 모르는 사람들입니다.

리스크는 현장을 자기 눈으로 보는 사람이 가장 먼저 감지를 합니다. 일본말로 겐바게이에이, 즉 현장 경영이라는 말이 있습니다. 도요타의 3現(현장, 현물, 현실)도 유명합니다. 책상물림하지 말고 현장을 뛰라는 얘깁니다.

저는 롯데정보통신과 현대정보기술 대표이사 재직 당시 현장을 다니느라 3년이면 차를 바꿔야 했습니다. 현장은 기업을 순식간에 무너뜨리는 위험이 상존하는 곳이자 기업의 성장과 변화의 모든 힘이 응축된 기업의 심장부라 할 수 있습니다. 뿐만 아니라 현장은 다이나믹한 정보와 지식, 그리고 틈새 아이디어들이 살아 숨 쉬는 곳이죠.

기업 특성상 국내 거점만 30군데가 넘었고 주요 파트너사도 150개가 넘었는데 저는 가까운 곳이든 먼 길이든 자청해서 방문을 했습니다. 고객사 건물에 입주해서 정보서비스를 하는 이들을 격려하기 위해서였죠. 그러나 또 다른 목적은 현장마다 갖고 있을 수밖에 없는 리스크를 제 눈으로 확인하고자 함이였죠.

이렇게 돌아보고 임원들과의 논의를 통해 리스크 매뉴얼을 만들고 그에 대한 대비 훈련도 수차례 했습니다. 비록 우리 회사에 해당되지 않더라도 사회적으로 리스크 요인(화재, 재난 등)이 발생될 때마다 곧바로 게시판에 올려서 우리를 돌아보곤 했죠. 체크리스트에 따라 점검도 하고 비상타격대 119도 훈련하는 등 마치 우리에게 발생된 것처럼 가상훈련도 했습니다.

위험(Risk)이 현실이 됐을 때 제때 못 막으면 조직을 위협하는 위기(Crisis)가 될 수 있기 때문입니다. 예상했던 위험이 현실로 나타났을 때 초기에 울타리를 제대로 만들어서 번지는 것을 진화(Hedge)하면 위험은 찻잔 속의 태풍으로 끝납니다. 그러나 초기 대응이 늦거나 실패하면 그 태풍은 조직을 삼켜버리고 맙니다.

  온몸으로 주위환경을 감지하여 위기를 탈출하는 뱀처럼 오감경영을 펼쳐 미리미리 리스크 요인을 제거해야 합니다.

  나폴레옹이 전쟁터에서 부하들에게 말했다고 하죠. "나쁜 정보를 우선 보고하라(Bad news first)!"

  정보시스템 운영의 목표 중 하나는 무장애를 달성하는 것이고, 장애를 최소화하는 것입니다. 그렇기에 장애 후 발빠른 대응이 중요할 수밖에 없습니다. 즉각적인 조치와 대응, 그리고 보고가 이뤄져야 하겠죠. 실수는 용서할 수 있어도 실패는 용서받지 못합니다.

  CEO는 비행기 조종사와 같다고 합니다. 전후좌우는 물론 아래위로 면밀히 살피며 비행기를 조종하는 것처럼 목적지를 향해 모든 상황과 정보를 가장 효과적으로 통합, 분석하며 경영관리를 하지 않으면 안 됩니다. 비행기 조종사인 CEO의 의사결정이 잘못되면, 그 비행기에 탄 모든 사람이 추락과 동시에 이에 따른 고통을 맞게 될 뿐이죠. 이렇게 되면 경영자 스스로의 고통은 물론이려니와 많은 임직원들에게 큰 짐을 안겨주게 됩니다. 그러므로 기업경영은 비행기 조종보다 훨씬 더 어려운 일이라 할 수 있는 거죠.

  이런 의미에서 CEO는 위기관리 최고책임자라고 할 수 있습니다. 추락을 면하려면 위기관리에 능통해야 하죠. CEO의 또다른 약자는 CRO(Chief Risk Officer)이어야 합니다. 또한 R을 '뒤로, 거꾸로'라는 뜻의 Retro 이니셜로 본다면 더욱 그렇죠. 즉, 앞만 보고 내닫지 말고 뒤를 보면서 위기관리를 하라는 뜻과 같습니다.

매년 회사들이 매출목표를 잡습니다. 앞만 보고 달리라는 숫자입니다. 그러나 지금이라도 우리를 돌아봐야 합니다. 그동안 우리들이 무심하게 지내온 과거를! 물론 앞으로 나아가다 보면 대충대충 할 때도 있었겠죠. 급한 마음에 다음에 하자고 해놓고 그냥 잊어버린 적도 있었구요.
　제가 생각하기에 CEO는 모름지기 첫째, 부단히 비전을 제시하고 미래를 통찰해야 하며 둘째, 좌우도 살펴야 합니다. 동종업계, 경쟁사의 형편을 통합, 분석하여 뒤처지지 않도록 해야 하며 셋째, 언제 발생할지 모르는 위기관리에 대비해야 합니다.

혁신의 확산 - 백 마리째 원숭이 현상

　일본 미야자키 현의 사찌지마 섬에서 원숭이를 고구마로 길들일 때 이야기입니다.
　처음에 원숭이들은 고구마에 묻은 흙을 손으로 툭툭 털어내고 먹었습니다. 그러던 어느 날, 원숭이 한 마리가 강물에 고구마를 씻어먹기 시작했고, 그러자 다른 원숭이들도 하나 둘 흉내를 냅니다. 급기야 얼마 후부터는 모든 원숭이들이 고구마를 씻어 먹게 되었습니다.
　그런데 이야기는 여기서 끝이 아닙니다.
　고구마 씻기를 하는 원숭이 수가 어느 정도까지 늘어나자 이번에는 사찌지마 섬 이외 지역의 원숭이들 사이에서도 똑같은 행위가 동시다발적으로 나타났습니다. 불가사의하게도 이곳에서 멀리 떨어진 다카자키 산을 비롯한 다른 지역에서 서식하는 원숭이들까지도 역시 고구마를 씻어 먹기 시작했던 것이죠. 그들 사이에 서로 아무런 접촉도 없었고 의사소통도 할 수 없는 상황에서 마치 정보가 흘러 들어간 것처럼 꼭 같은 행동을 했던 것입니다.

미국의 과학자 라이언 왓슨은 이것을 '백 마리째 원숭이 현상'이라고 이름 붙였습니다. 어떤 행위를 하는 개체의 수가 일정량에 달하면 그 행동은 그 집단에만 국한되지 않고 공간을 넘어 확산되어가는 불가사의한 현상을 말합니다. 이 학설은 1994년에 공식적으로 인정됐습니다.

많은 동물학자와 심리학자가 여러 가지 실험을 한 결과 이것은 원숭이뿐 아니라 인간을 포함한 포유류나 조류, 곤충류 등에서도 볼 수 있는 현상이라는 사실이 밝혀졌습니다.

새로운 일을 처음 시도하는 사람(또는 현상)의 숫자가 비록 적을지라도 어느 일정 시점이 지나면 점차 대다수의 사람들이 따라하게 됩니다. 물론 새로운 일을 시도할 때는 위험이 따릅니다. 그러나 위험을 무릅쓰고 시작한 일로 인해 조금씩 이득을 보기 시작하면 이 시도는 시간과 공간을 넘어 폭발적으로 증가하게 됩니다.

조직이 변하지 않는다고 말하기는 쉽습니다. 이 조직은 나랑 맞지 않는다고 흔히들 얘기합니다. 그러나 자신이 원하는 조직, 이상적으로 생각하는 조직에 지금의 당신이 어울리는지를 먼저 생각해봐야 합니다.

경영학을 전공하여 ICT에 아주 밝지는 않았지만 삼성에서 그룹웨어(게시판, 이메일, 문서관리 등)를 만들고 정보보안전문회사를 만들고, 롯데정보통신에서 데이터센터를 구축하여 ICT 전문가로 자리잡게 된 것은 변화관리자(Change Agent)를 지향했기 때문이 아닌가 여겨집니다.

내가 달라지면 환경도 변합니다. 자기 주변을 변화시킬 수 있는 사람이라면 세계를 변화시키는 것도 어렵지 않습니다. 이 세상은 '백 마리째 원숭이 현상'이 통하는 곳이기 때문입니다.

패러독스 경영 – 현실을 직시하라

휴브릭스 패러독스, 이카루스 패러독스, 스탁데일 패러독스를 저는 틈나는 대로 강조합니다. 휴브릭스 패러독스와 이카루스 패러독스는 쉬운 성공, 또는 성공 그 자체에 취해서 너무 자신만만하게 다음 일, 다음 차원에 도전하거나 성공했던 방법으로 새로운 과업에 도전하는 걸 말합니다.

사실 "같은 강물에 발을 두 번 담글 수는 없다"고 말한 고대 그리스 철학자 헤라클레이토스의 말처럼 시간은 쉼 없이 흘러갑니다. 지금 흐르고 있는 강물은 어제의 강물이 아닙니다. 마찬가지로 어제와 같은 시선으로 같은 사물을 볼 수는 없습니다. 오늘의 세상은 어제와 달라져 있습니다.

「긍정의 배신」이라는 책을 읽은 적이 있습니다. 긍정을 말하는 심리학이나 경제학에 대해 비판한 책입니다. 이 책에서는 긍정도 중요하고 성공에 대한 확신도 중요하지만 그것보다 더 중요한 건 현상을 냉정하게 볼 수 있는 시선이라고 합니다.

존 스탁데일은 미국의 장군으로 베트남 전쟁 때 '하노이 힐턴' 전쟁 포로 수용소에 수감된 미군 최고위 장교였습니다. 스탁데일은 1965년부터 1973

년까지 8년간 이 수용소에 갇혀 있으면서 20여 차례 모진 고문을 당했으나 살아남았습니다. 그를 살게 한 건 살아나갈 수 있다는 믿음과 더불어 냉혹하게 현실을 직시했기 때문이었습니다. 포로수용소에서 죽는 사람들은 대부분 지나치게 낙관적인 사람들이었다고 합니다.

'부활절에 나갈 거야', '추수 감사절엔 구하러 오겠지', '이번 성탄절엔 전쟁이 끝나서 집에 갈 수 있겠지'하며 낙관했던 사람들은 막상 그 낙관이 실현이 안됐을 때 상실감에 지쳐 죽게 됐다고 합니다.

스탁데일 패러독스의 핵심은 "아무리 어려워도 결국엔 성공할 것이라는 믿음을 잃지 않고 그와 동시에 그게 무엇이든 눈앞에 닥친 현실 속의 가장 냉혹한 사실들을 직시하는 것" 이라고 그 스스로가 정의했습니다.

업계 특성상 어제의 방법을 답습하지 말라는 얘기를 자주 합니다. 희망과 긍정을 얘기하기 전에 현실의 차가운 시선을 먼저 보라고 합니다. 광고인들이 좋아하는 말이 있습니다. "머리는 차갑게, 가슴은 뜨겁게" 이걸 풀어쓰자면 '분석은 현실적으로, 크리에이티브는 창조적으로'라고 할 수 있습니다.

경영도 마찬가지라고 생각합니다. 현실을 냉정하고 차가운 시선으로 직시하며 다음을 준비해야 합니다.

띠 경영 - 띠 동물의 가르침

해가 바뀔 때마다 그 해에 해당하는 동물의 띠가 붙여집니다. 매년 연말이나 연초가 되면 그 해의 띠 동물인 쥐, 소, 호랑이, 말 등의 모습이나 성격, 특성 등에 대한 얘기들이 언론에 보도되고 사람들에게 회자됩니다. 특히 신문 등에서는 동물의 특징을 경영학적으로 풀어서 언급하곤 하는데, 저는 각기 그 해에 맞는 띠의 동물과 경영지침이나 전략을 연결시켜 전달하곤 했습니다. 이 또한 신문이나 인터넷 등에서 찾은 자료들을 놓치지 않고 메모하여 기록해두었다가 활용하였습니다.

매년 경영전략회의에서는 그 해의 띠를 놓고 PT대회를 열기도 했습니다. 동물의 습성이나 장점을 빗대어 의인화하고 은유를 통해 감정에 호소하는 메시지 전달 방법 중의 하나를 활용한 거죠. 부지런한 쥐의 특징으로 우리도 부지런하자. 토끼의 해에는 교토삼굴이라서 리스크 예방 차원에서 Plan A, Plan B 등을 세워서 이중 삼중으로 위기관리를 잘하자. 토끼처럼 빠르게 스피드 경영을 하고 다산을 하는 만큼 수주를 많이 해야겠다. 또 어떤 해는 동물의 탈을 쓰고 연극까지 했던 기억이 있습니다.

이러한 띠 경영은 한 해 동안 직원들의 뇌리에 이미지로 남아 지속적인 경영 메시지로 활용되었습니다.

이는 경영뿐만 아니라 신년사나 월례사 등에도 이용됐는데 반응이 좋은 편이었습니다. 경영 키워드로 좀 딱딱한 '변화와 혁신, 위기돌파, 정글생존, 시장선도, 소통과 화합' 등의 용어로 CEO의 리더쉽을 발휘할 수도 있겠지만 매년 비슷한 단어들의 조합이라서 피부에 와 닿는 정도의 차가 분명히 있었죠. 그래서 좀 더 은유와 비유로 우회적으로 설파한다면 더 재미있고 분명하게 경영지침이나 전략이 전달되지 않을까 하는 생각에 시도되었던 것입니다.

2015년 을미년, 양의 해를 맞이하여 작성된 저의 경영노트에는 아래와 같이 적혀있습니다. 물론 저 나름대로 신문 등에 게재된 양의 특징 등을 해석하고 평가하여 가공, 편집한 것으로 제 개인의 주관적 생각이 가미된 것들이라 할 수 있습니다.

윤리경영
성질이 온순하고, 끈기있고 과묵하고, 갔던 길로 반드시 되돌아오는 정직함과 정의로운 면이 있어, 기업의 사회적 책임 등 지난해 큰 이슈가 된 甲乙관계를 잘 정립해야 한다.

리스크 경영관리
돌다리도 두들겨 보고 지나가는 조심성 많은 동물이니 만큼 항상 안전관리에 만전을 기해야겠다. 작년은 특히 재난사고가 많았는데, 안전은 물리적 안전, 보안도 중요하지만 사이버 보안이 더더욱 중요하기에 先투자를 아끼지 말아야 한다.

조직력 강화 경영
우두머리를 잘 따르는 양들이 무리를 지어 움직이고 흩어지지 않는 군집생활하는 과정을 본받아 조직의 단결, 화합을 최우선한다.

고객중시 경영

무릎 꿇고 젖을 먹는 자세와 특히, 늙어서 기력을 잃은 부모 양에게 자신의 젖을 물려 봉양할 정도로 효심이 깊은 면을 새겨, 항상 우리를 성장하게 한 고객을 생각하고 고객 인사이트를 고려하는 고객 마인드를 가져야 한다.

상호배려 경영

양들은 행실이 선량하고 동료 간의 다툼이 없는 특징을 가졌기에 조직 구성원들과 상호 배려하는 기업문화를 정착시켜야 한다. 임직원들의 仁義禮智(인의예지)정신이 기업을 성장시키고, '안에서 새는 바가지가 밖에서도 샌다'는 속담을 늘 상기하자.

시장선도 경영

가파른 경사를 의외의 순발력으로 올라가고, 거친 산악에서도 비탈길을 딛고 서며, 생존을 위해서라면 울퉁불퉁한 지형을 가리지 않고 먹이를 찾아나서는 모습에서 치열한 경쟁구도를 타파하고 신규사업 등을 펼쳐서 살아남고 성장해야한다. 특히, 초경계시대, 초연결시대(IoT 사물인터넷)를 맞이하여, 破釜沈舟(파부침주 : 솥을 깨뜨리고 배를 가라앉힌다) 하듯 준비경영에 만전을 기해야 한다. '벽을 밀치면 문이 되고 벽을 눕히면 길이 된다'는 자세를 견지해야 한다.

소통과 경청 경영

넓은 들판에서 어미가 '메에~'하고 새끼를 부르면 새끼는 귀신같이 알고 달려온다. 양의 귀가 밝기 때문이다. 조직 내 상하 소통 및 이해관계자들과의 커뮤니케이션이 그 어느 때 보다 중요하며 그 중심에는 경청이 있다.

현장 경영

양은 넓적다리 근육이 발달해 있다. 부지런히 돌아다니기 때문이다. 늘 작업이 이루어지는 프로젝트 현장을 놓치지 말아야 할 것이다. 도요타의 3現(현장, 현물, 현실) 문화도 그 중요성을 인식했기 때문이다. 기업은행에서는 건배사가 통일되어 있다. 우문하면 현답이라고 화답한다(愚問賢答 : 우리의 문제는 현장에 답이 있다). 넓적다리 근육의 양이 長壽를 보장하기에 건강하기 위해 걷기, 등산을 해야 할 것이다.

일상 경영 - 관찰을 통해 지혜를 얻다

많은 볼거리, 즐길거리가 넘치는 세상입니다. 다양한 디바이스가 우리들을 유혹하고 우리는 쉴 새 없이 수많은 콘텐츠를 섭취하고 있습니다. 이렇듯 편하게 앉아서 쉽게 주어지는 것들이 많으니 지루하고 딱딱하고 힘든 걸 못 견뎌합니다. 활자 빽빽한 책 보다는 휴대전화를 더 가까이 하고 컴퓨터를 하든 대화를 하든 심지어 업무 중에도 손가락은 수시로 휴대전화 자판을 누릅니다.

전철 안의 사람들을 보면 마주 앉은 이의 시선이 불편한 건지 아님 가만히 앉아있어야 하는 지루함을 못 견디는지 대부분이 휴대전화 액정만 응시하고 있습니다.

스마트폰으로 사람들은 스마트해졌지만 삶은 가벼워지고 조급해지고 여유로움이 없어졌습니다. 과연 하루 중에 하늘 한번 올려다보는 사람이 몇이나 될까요?

「비로소 멈추면 보이는 것들」이란 혜민 스님의 책 제목처럼 잠시 걸음을 멈추고 일손을 놓고 주변을 관찰함으로써 얻는 게 참 많습니다. 잠시 멈추는 듯 보이지만 내일을 위한 준비이기도 합니다.

부모님 귤 밭의 높은 나무 위에 지어진 까치집을 봐도 깨닫게 되는 게 있습니다. 계절이 바뀌고, 해가 바뀔 때마다 나름의 느낌과 깨달음을 직원들과 나누기 위해 노력했습니다.

일전에 담양에서 대나무를 보면서도 깨달음을 얻었습니다. 우후죽순이라고 하기에 죽순은 풀 자라듯 쉽게 자라는 것인줄 알았습니다. 그러나 죽순이 땅 위로 나오려면 땅 밑에서 4, 5년은 견뎌야 한다는 사실을 알게 된 거죠. 성과를 위한 노력이 새삼 가치 있게 느껴졌습니다.

금선탈각, 매미가 매미로 사는 7일을 위해 견뎌내는 6년, 심지어 길면 17년의 인내도 떠오릅니다. 여름 한철 우는 매미를 보며 지인들에게 오늘의 성과를 위해서 쉬운 길, 편한 길, 편법 쓰지 말고 기초부터 탄탄히 다지자고 메시지를 건넸습니다.

높은 나무 위의 까치집을 보고 온 날도 마찬가지입니다. 높은 나무 위에 집을 짓기 위해 강한 바람과 싸우고, 그 바람에 흔들리지 않는 집을 짓기 위해 오랜 시간 공들였을 까치의 노력과 끈기를 떠올렸습니다. 편하게 낮은데 지었다가는 천적이라는 리스크에 쉽게 당할 수 있음을 까치도 알고 있다는 것에 새삼 공감을 했습니다. 이 역시 먼 미래를 위한 기초 다지기의 중요성이라고 생각해서 SNS에 올리고 함께 나눴습니다.

일상 속에서 아이디어를 캐내고 발견하고 그걸 제품화하거나 서비스화할 때 큰 성공을 할 수 있습니다. 관찰은 아이디어의 출발점이자 이해의 시작입니다. 사람에 대한 이해의 폭도 관찰을 통해서 깊어집니다.

CEO가 그냥 검은색 세단이나 퍼스트 클래스를 타고 다니는 사람이라고 생각하면 안됩니다. CEO는 회사에서 가장 바쁜 사람이어야 합니다. 자신의 통찰이 조직의 미래를 보는 시선이 될 수 있음을 자각하며 일상 속에서도 관찰의 안테나를 늘 세우고 있어야 합니다.

오늘은 매일 스쳐 지나가는 길이라도 잠시 걸음을 멈추고 길가의 가로수와 아파트 화단의 풀 한포기 그리고 하늘을 한번 올려다 보세요. 이제껏 느끼지 못한 것들을 발견하고 또 깨닫게 될 것입니다. 그리고 번뜩이는 아이디어도 덤으로 얻게 될지 모릅니다.

[관찰하고 발견한 것을 메모하고 정리한 것]

펀(Fun)경영 – 월요병 없는 회사가 성공한다

최근 많은 기업들이 '펀(Fun)'에 주목하고 있습니다. 일터에 즐거움을 접목시켜 직원들의 만족도를 높이게 되면 조직성과에 긍정적인 영향을 미치기 때문입니다.

즐거운 일터란 조직 구성원들이 상사와 경영진을 신뢰하고 자신의 업무와 조직에 자부심을 갖는 것이 바탕이 되어야 합니다. 이것이 있으면 일하는 재미는 따라오고, 그에 따라 자연히 월요병은 정복될 것입니다.

펀 경영에 있어 CEO를 비롯한 임원진의 역할이 큽니다. CEO의 다른말은 CEO(Chief Entertainment Officer), 즉 조직문화를 만드는 즐거운 리더라는 뜻입니다.

저 역시도 뒷짐 지고 있을 수 없기에 나름대로 노력을 했습니다. 저는 노래를 잘 부르지는 못합니다. 특히 랩 등 빠른 노래는 더더욱 그렇습니다. 그러니 요즘 노래는 부르기가 정말 힘이 들지만 그래도 불렀습니다. 지위가 높아질수록 노래 향연의 첫 테이프를 끊어야 하기 때문이죠.

그런데 노래방에서도 첫 번째 주자가 분위기를 잡아야 하듯이 회사 행사에서도 첫 번째로 노래를 하는 사람이 분위기를 망치면 좀처럼 살아나질 않습니다. 하물며 CEO가 그 분위기를 망치면 밑의 사람들은 뭐라 말도 못하고… 정말 분위기가 난감해집니다.

그래서 저는 노래 하나도 미리 연습하고 준비해서 부르곤 했습니다. 체육대회, 송년회, 회식자리에서도 그냥 아무 노래나 부르지 않고 그때를 위해 갈고 닦은 노래를 목청껏 뽑았습니다. 이왕 노래 할 거 사원들이 즐거워하고 딱딱한 분위기를 한 번에 날릴만한 노래를 선택해서 연습했거든요.

시큐아이 시절에는 싸이의 챔피언을 열심히 연습해서 불렀습니다. 랩이 가사의 대부분인 이 노래를 춤까지 따라하며 나름 그럴듯하게 소화했습니다. 물론 이 공연은 두고두고 화제가 됐습니다. CEO의 벽을 허물려는 노력이 직원들에게 통했던 모양입니다.

2010년 현대정보기술 인수 후에 열린 장충체육관에서의 사내 비전선포식에선 아예 태진아 씨처럼 반짝이 의상까지 갖춰 입고 나와 이 노래를 불렀습니다. IT업계의 챔피언이 되어보자는 염원을 담아 불렀기에 신나는 노래였음에도 불구하고 직원들의 마음을 좀 울렸습니다. 그 이후에는 조용필의 바운스를 준비했습니다. 한 5백 번쯤 따라 연습하고 불렀나 봅니다. 차 안에서도 집에서도 줄기차게 연습해서 오용필로 불릴 만큼 부를 수 있게 됐습니다.

제가 왜 이런 노력을 했을까요? 펀을 방해하는 가장 큰 요소는 경직된 조직문화입니다. 상명하달식의 기계적 위계질서입니다. 다른 업종은 몰라도 IT기업은 이래선 안 된다고 생각했습니다. 그걸 풀기 위해 임직원들부터 그 벽을 허물려고 했던 것입니다.

이런 펀 경영에는 전제조건이 있습니다. 직원들이 일체감을 갖도록 하는 조직문화의 구축입니다. 특히 계속되는 경제 위기 속에 직원들의 긴장감과 피로도는 그 어느 때보다 높아져 있기에 조직문화가 제대로 정립되어 있지 않으면 조직의 근간이 흔들릴 수 있습니다.

이런 건강한 조직문화의 정립을 위해서는 첫째, 조직의 목표와 가치에 대한 비전이 공유되어야 합니다. 3M의 CEO를 역임한 제임스 맥너니 보잉은 "무엇이든 공유하는 개방된 조직문화를 만들면 회사 내에 아이디어가 빠르게 흐르고 이는 혁신으로 이어진다"고 강조하며 개방적인 조직문화의 중요성을 강조했습니다.

둘째, 기업 목표를 향해 직원들 사이에 협력이 이루어져야 합니다. 글로벌화가 가속화되고 업무의 전문화가 강화되면서 조직 내, 조직 간 협력이 그 어느 때보다 중요해지고 있습니다.

2005년 미국의 100대 기업 최고 경영진들을 대상으로 한 설문조사에서 최고 경영진의 약 80%가 조직 내에서의 기능 및 지리적 공간을 뛰어넘는 협력이야말로 성장의 핵심이라고 응답했습니다. 무엇보다 현재 처한 상황에 대한 분석과 변화의 필요성을 공감하며 부문 간 협업을 통해 시너지를 극대화해야 합니다. 한 부분만을 바라보는 좁은 시각에서 벗어나 기업 발전과 이익 추구를 위해 한 방향으로 나아갈 때 기업은 경쟁력을 확보할 수 있습니다.

조직 구성원에 대한 동기 부여도 20세기에는 성과주의 인센티브 제도가 전형적인 방식이었지만 이제는 일 자체에 대한 관심과 애정, 흥미 등 감성적 요소를 중심으로 한 내재적 동기 부여로 바뀌고 있습니다. 또 조직의 모델도 관료적 구성 중심의 모델에서 구성원들이 서로 개방적으로 협력하면서 새로운 아이디어와 가치를 창출하는 공동체 모델로 급속하게 변화하고 있습니다.

일과 삶이 조화를 이루고, 나아갈 방향에 대한 공감대가 형성되면 서로를 배려하고 협력하는 모습은 저절로 나타나게 됩니다. 신뢰와 소통을 바탕으로 직원들 스스로 진화하는 기업은 누구나 일 해보고 싶어하는 신나는 일터일 것입니다. 모두가 즐겁게 일하고 싶은 조직을 만드는 것, 이것이 바로 21세기 글로벌 경쟁 시대를 주도할 수 있는 핵심 중 하나입니다.

스킨쉽 경영 – 부대껴야 식구가 된다

"누군가와 서로 공감할 때, 사람과 사람과의 관계는 보다 깊어져 갈 수 있다"라는 인도의 철학자 오쇼 라즈니쉬의 말처럼 사람은 무언가 함께 공유하고 공감하며 자꾸 부대껴야 친밀해지고 정도 쌓이는 것 같습니다. 직원이든 친구든 집에서 매일 보는 가족도 마찬가지입니다. 하물며 집에서 기르는 애완동물과의 관계도 그렇습니다.

우리는 보통 한집에서 밥을 같이 먹는 가족을 식구라고 부릅니다. 회사의 직원은 말하자면 식구입니다. 식구들끼리는 희로애락을 공유하고 부대끼며 때론 티격태격하기도 합니다. 집안의 화목을 위해 구성원이 노력해야 합니다. 특히 부모의 역할이 중요하죠.

기업도 마찬가지입니다. CEO는 직원 중의 한사람이자 대표로 단결과 화목을 이끌어야 할 의무가 있습니다. 롯데정보통신 CEO 재직 당시 저희 식구들과 함께 한 추억들을 떠올리려니 아련한 그리움이 밀려듭니다.

우선, 경영층인 임원 간의 호흡이 중요하기에 볼링, 당구, 스크린골프, 단체 사우나 등을 통해 경영에 대한 마인드를 일치시키도록 애썼습니다. 임직원들과 함께 모여 가까운 산을 오르고 어떤 날은 안중근 의사를 기린 뮤지컬 <영웅>을 단체 관람하기도 했습니다. IT업계를 다룬 영화라면 같이 보러 다녔습니다. 일 년에 두 번 체육대회를 개최해 운동 실력을 겨루고 저도 무거운(?) 몸을 이끌고 선수로 뛰기도 했습니다. 매년 1월 1일 팀장 이상의 직원들과 함께 청계산에 올라 새해맞이를 했던 기억도 납니다.

함께 움직이는 것 말고도 이메일로 편지를 보내고, 월례사와 같은 메시지도 자주 보내며 저의 마음이 항상 직원들에게 맞춰져 있음을 알렸습니다. 특히 영업 현장이 많은 회사 특성상 커뮤니케이션 부족으로 불필요한 루머나 정보의 갭이 생기기에 ICT 수단을 이용하여 RTE(Real Time Enterprise)로 스피디한 정보공유를 도모하기도 했습니다. 또 네이버 밴드를 이용해 임원 간, 동호회 간, 해외주재원 간 소통의 도구로 활용했습니다. SNS를 통해서 인간적인 속내도 슬쩍 비추기도 했구요.

간부들의 대소사에 전화를 걸어 축하를 해주는 것도 CEO의 몫이라 생각해서 실천했고 회사 기념일이면 작은 기념품이라도 챙겨 전하며 모두에게 기업이 살아있는 인격체임을 실감시켰습니다. 함께 김장을 담그고, 봉사활동을 하고, 장애인 채용도 하면서 모두 함께 더 나은 세상을 만들고 있다는 기쁨도 공유했습니다.

몸과 마음을 부대끼며 성장하는 가운데 조직의 결속력은 더 단단해지고 안정되고 성장하고 발전하게 되겠죠?

Chapter Ⅳ

메모 Life

메모는 인생을 변화시킨다

낯선 세계로의 용감한 도전, 발상의 전환

 허니버터칩의 등장은 오랜 시간 농심과 오리온으로 양분된 감자칩 시장에 일대 변혁을 일으켰습니다. 감자칩 스낵에서만큼은 늘 뒷자리 신세를 면치 못하던 해태제과가 허니버터칩 한방으로 장외홈런을 치는 예상치 못한 일이 발생한 거죠. 허니버터칩은 출시 두 달만에 감자칩류 1위, 전체 스낵 시장에서도 1위라는 대박을 터뜨렸습니다.
 기존에 감자칩하면 짭짤한 것만 생각했는데 '달콤하면 어떨까?'라는 새로운 발상이 시장 판세를 뒤집어버린 거였습니다. 발상의 전환이란 바로 이런 것입니다.
 이렇듯 발상의 전환으로 성공한 사례는 많습니다.
 스티브 잡스의 아이폰도 기존에 있던 거의 사장될 뻔한 멀티터치 기술을 역발상을 통해 좀 더 발전된 제품으로 재탄생시킨 것이고 우리 일상생활에 쓰이는 편리한 기기들이나 가정용품 등에도 이렇게 만들어진 것들이 많이 있습니다.

알래스카에서 냉장고를 파는 것도 역발상에서 비롯된 거라 할 수 있죠. 혹시 합격사과라고 보셨는지 모르겠습니다. 이 사과의 탄생은 이렇습니다.

1991년 사과 재배로 유명한 일본 아오모리 현에 기록적인 태풍이 불어 닥쳤습니다. 1년 동안 땀 흘리며 재배했던 사과가 90%나 떨어져서 농민들은 비탄에 빠지고 애꿎은 하늘만 원망했죠. 하지만 이런 절망 속에서도 떨어지지 않은 10%의 사과에 '합격 사과'라는 상표를 붙여 시장에 판 사람이 있었죠. 보통 사과에 비해 10배 이상 비쌌지만 엄청난 위력의 태풍 속에서도 떨어지지 않았다는 것 때문에 수험생들에게 폭발적인 인기를 얻었답니다.

스포츠에도 몇십 년 또는 몇백 년 동안 깨지지 않거나 아예 도전할 생각조차 못하는 영역들이 있어 왔습니다. 특히 높이뛰기에서 2m를 넘는 건 불가능하다고 여겼습니다. 그런데 이걸 해낸 선수가 등장했죠. 미국의 딕 포스베리. 1968년 멕시코 올림픽에서 그동안 아무도 시도하지 않았던 배면뛰기를 한 것입니다. 등으로 바를 넘는 동작으로 그는 2m를 넘어서 2m 24cm의 기록을 세웠습니다. 그 뒤로는 많은 선수들이 이 자세를 따라 하고 있습니다.

기존의 오랜 생각과 관습을 바꾼다는 건 낯선 경험과 두려움과의 싸움입니다. 모든 새로운 시도는 도전이나 실패를 두려워하지 않는 사람이어야 가능합니다. 기존의 틀을 깨뜨릴 수 있는 도전정신과 두려움을 극복하는 용기에서 시작됩니다.

물론 도전정신과 용기만 있다고 되는 건 아닙니다. 참신한 발상은 창의성에서 나옵니다. 평범한 생각에서 벗어나 새로운 관점, 다양한 시각으로 사물을 바라봐야 합니다. 그러기 위해서는 먼저 자기 주변 세계에 관심을 갖고, '왜?'라는 호기심을 가지고 문제 해결을 위한 끊임없는 생각과 지식을 쌓아야 합니다.

이때 기록된 메모들은 창의적 사고가 결과물에 이르기까지 내비게이션 역할을 해줄 것입니다.

우리의 모든 삶의 영역에 발상의 전환이 필요합니다. 누군가는 새로운 영역에 가야만 하고, 언젠가 새로운 지평을 열 수 있다면 그 주인공이 내가 되지 말라는 법은 없습니다. 지금도 새로운 생각과 도전정신을 가진 이들은 새로운 신화를 써나가고 있고 그들 덕분에 세상은 진화하고 있습니다.

오늘 당신의 새로운 발상과 도전이 내일 세상의 기준이 될지도 모릅니다.

메모로
나를 경영하라

이젠 재테크보다
'自테크'다

피터 드러커는 '직장인은 10년이 돼도 전문가가 될 수 없다'는 얘기를 했습니다. 대부분 직장인은 정해진 시간에 주어진 일을 해야 한다는 생각으로 일하는 것이 대부분이기 때문에 1년짜리 경험을 10년째 하는 것만으로는 전문가가 될 수 없다는 것을 의미합니다.

자기계발이란 본인 스스로 성장하려는 의욕을 갖고 끊임없이 능력을 발전시키는 것입니다. 특히 직장인은 회사 내에서 맡은 업무처리 능력의 발전을 위해 관련 지식과 기술을 계발하는 것이 필요하죠.

자기계발을 위해 가장 먼저 해야 할 일은 정확한 자기진단입니다. 자신의 장점과 단점, 강점과 약점을 제대로 파악한 후에야 목표를 세울 수 있기 때문입니다. 목표 설정 과정에서는 목표하는 가치(Value)가 무엇이고, 비전(Vision)은 무엇인지, 어떤 사명(Mission)을 띠고 있는지 명확한 설정이 필요합니다. 그 후 구체적인 계획을 수립합니다.

자기를 진단하고, 업무 능력 개발을 위해 최선을 다할 때 비로소 자신의 능력을 한 단계 업그레이드 시킬 수 있습니다. 자기계발은 '自테크'입니다. 스스로의 가치를 높이는 일종의 투자입니다.

어떤 일이나 그 일을 하고자 하는 마음이 있어야 잘할 수 있듯이 자기계발 또한 마찬가지입니다. 동기부여가 잘되어 있어야 마음먹은 대로 실행에 옮기고 만족스러운 결과도 얻을 수 있죠. 이는 확고한 목표가 있어야 한다는 의미이기도 합니다.

목표가 없는 사람은 노와 돛이 없는 거룻배와 같습니다. 물결따라 하염없이 흘러갈 뿐입니다.

"인간의 뇌는 미사일의 자동유도 장치와 같아서 자신이 목표를 정해주면 그 목표를 향해 자동으로 유도해 나간다"는 말처럼 목표를 정하면 그 방향으로 나아가게 됩니다.

사람은 생각하는 대로 산다고 합니다. 생각하지 않고 살아가면 살아가는 대로 생각하게 된다고 하죠.

자기계발을 통해 자기 자신의 발전과 성장은 물론 가족과 조직, 더 나아가 사회도 발전하게 되는, 그 어떤 재테크보다 수익성 높은 '自테크'에 도전해 보시기 바랍니다.

메모로
나를 경영하라

나의 곁에 언제나
멘토가 있다

그리스 신화 '오디세이'에서 이타카 왕국의 오디세우스 왕은 자신이 트로이 전쟁에 참여하는 동안 왕자 텔레마쿠스를 가장 믿을만한 친구인 멘토에게 맡깁니다. 멘토는 왕이 전쟁에서 돌아오기까지 왕자의 친구이자 선생으로, 상담자이자 아버지로서 왕자를 훌륭한 인물로 성장할 수 있도록 돌보았는데 이것이 바로 '멘토링'의 유래입니다.

인생을 살아가면서 자신의 역할, 가치판단을 위한 준거로서의 모델, 심각한 고민이 있을 때 이의 극복을 위해 도움을 줄 수 있는 사람이 반드시 필요합니다.

가까운 직장 상사, 동료, 친구, 선배는 훌륭한 멘토입니다. 사회생활을 하면서 업무와 관련된 지식과 태도, 조직적응 및 개인적인 고민 상담 등을 받을 수 있기 때문입니다. 이를 통해 사내에서의 경력관리에 도움이 되는 것은 물론, 심리적인 안정감 덕분에 조직 생활의 효율성 또한 높아지게 됩니다. 또 멘토는 직접 만날 수는 없지만 책 등을 통해 만날 수 있는 역사적인 인물이나 유명인이 될 수도 있습니다.

저를 정신적으로 성숙하게 이끌어 준 최초의 멘토를 꼽자면 단연 도산 안창호 선생입니다. 고등학교 시절 흥사단 활동은 안창호 선생이 강조한 4대 정신, 무실(務實), 역행(力行), 충의(忠義), 용감(勇敢)을 깊이 새기는 기회가 되었습니다. 특히 철저한 준비와 강한 실행력의 중요성을 몸소 보여준 선생의 기개는 지금까지 정신적 지표가 되고 있습니다.

다산 정약용 선생도 존경합니다. 그 분의 발자취를 틈날 때마다 찾곤 합니다. 팔당댐 옆에 있는 다산 기념관, 강진의 다산 초당에도 방문했었습니다. 그곳에서 '동트기 전에 일어나라. 기록하기를 좋아하라'는 그분의 어록이 담긴 비석을 보고 메모에 관한 가르침을 얻었습니다.

대학을 거쳐 사회생활을 하면서 저의 멘토도 늘어났습니다. 각종 신문, 잡지, 책 등이 훌륭한 멘토 역할을 해주고 있습니다. 사람과 정보는 접하는 빈도수가 많을수록 우리에게 기하급수적으로 도움을 줍니다. 이는 '하나의 네트워크의 유용성 또는 효용성은 그 네트워크 사용자 숫자의 제곱에 비례한다'라는 메트칼프의 법칙에서도 확인할 수 있습니다.

인간관계 형성은 한 번 만난 사람을 소중하게 여겨 자주 만나거나 연락하는 것으로 시작됩니다. 그리고 이런저런 정보를 교환하는 가운데 많은 것을 배우게 됩니다. 책을 통해서 배우는 것은 간접경험이지만 사람을 통해 얻는 경험은 그 어느 것보다 생생하기에 더 값질 수밖에 없습니다.

30여 년이 넘는 직장생활 동안 제가 만난 사람들은 몇십만 명이 넘을 것입니다. 그중 엑셀로 만들어 보관하고 있는 주소록에는 4만여 명의 지인들이 들어있습니다. '가랑비에 옷 젖는다, 꺼진 불도 다시 보자'는 생각으로 인연을 이어 왔습니다.

메모는 인간관계나 비즈니스에 적용해 승화시킬 때 의미가 있습니다. 비즈니스와 인맥 관리를 잘하기 위해 메모를 하는 것이지 메모 그 자체가 목적은 결코 아닙니다.

특히 14년간의 CEO 생활 동안에는 그중 호흡이 잘 맞는 지인 천여 명과 직접 만나거나 이메일, 스마트폰 문자메시지 등을 통해 자주 연락했었습니다. 그러는 가운데 상대방이 가지고 있는 정보와 지식을 많이 배웁니다. 세 사람이 걷다 보면 그중에 스승이 있다는 말처럼 말입니다.

또 많은 분들이 모이는 동창회, 동호회, 종친회 등도 가능한 참석합니다. 특히 학연에서 고등학교 동창회는 우선순위가 가장 높습니다. 연말이면 열리는 부부동반 모임에는 20여 년이 넘도록 빠진 적이 없을 정도인데 아내가 임신하여 배가 불렀을 때도 같이 갔을 정도로 꾸준하게 관계를 맺어 왔습니다.

이렇게 꾸준하게 유지해온 인간관계를 통해서 이 세상을 현명하게 살아가는 방법들을 많이 깨닫고 있습니다. 작은 일에 일희일비(一喜一悲)하지 않는 넉넉한 마음가짐, 내가 가진 것에 감사하고 다른 사람들을 먼저 생각하는 것 등이 그것입니다.

정보도 보이지 않는 저의 멘토입니다. 매일 신문을 읽으며 도움이 되겠다 싶은 정보를 스크랩하고 많은 책을 읽고 있습니다. 보통 한 해에 100권 정도의 책을 사서 그중 70권 정도를 읽습니다. 이것들을 통해 세상을 봅니다. 작게는 내가 속해있는 분야를 파악하고 넓게는 세계를 배우다 보니 따로 시간을 내 공부하기가 어려운 상황에서 신문과 책은 스승의 역할까지 톡톡히 하고 있습니다.

  신문이나 책에서 얻은 정보들은 언제 어디서나 쉽게 찾아볼 수 있도록 수첩과 스마트폰 등에 부지런히 적어둡니다. 이렇게 메모한 정보를 다른 사람에게 전달하는 것에도 열심입니다. 내가 알고 있는 설익은 정보에 여러 사람의 조언이 덧붙여졌을 때, 경쟁력 있는 정보로 업그레이드되기 때문입니다. 정보는 효율적인 분배를 통해 새로운 가치로 창출되는 것입니다.

  오늘도 많은 멘토를 만납니다. 물론 만나는 모든 사람과 접하는 모든 정보가 나에게 득이 되는 것은 아닐 수 있으나 적어도 배울 점은 있습니다. 좀 더 겸손해지는 미덕을 배우고 시행착오를 줄이는 지혜를 터득할 수 있기 때문입니다. 결국 실패와 허물을 막아주는 것도 멘토의 역할이 아닌가 싶습니다.

> 메모로
> 나를 경영하라

긍정적으로
성공을 확신하라

'성공을 확신하는 것이 성공의 첫걸음이다!' 로버트 슐러 목사는 자신의 능력, 기술에 대해 깊이 확신하는 것이 중요하다고 말합니다. 그렇다고 해서 이 명언을 그대로 받아들이기만 하는 것은 곤란합니다. 확신 이전에 자신에 대한 정확한 파악이 우선되어야 한다는 의미이기 때문입니다.

다시 말하지만 할 수 있다는 자신감은 무조건 밀어붙이는 무모함하고는 다릅니다. 자신의 전문성과 능력을 기반으로 새롭게 도전하는 긍정적인 사고방식을 말합니다.

델컴퓨터에는 직원들 모두가 할 수 있다는 자신감을 가지고 성공을 위해 혼신의 노력을 다하는 '위닝 컬쳐' 문화가 있습니다.

델의 위닝 컬쳐를 제대로 보여주는 사건은 델이 유독 부진했던 서버시장에서 재도약을 선언했을 때입니다. 델은 당시 점유율이 10위에 불과했는데 박리다매를 추구하는 회사의 특성상 10위 정도로는 규모의 경제를 실현시킬 수 없었습니다. 당시 델은 매월 천 개의 서버를 팔았는데 새롭게 월 2만개를 팔겠다는 목표를 수립했습니다. 목표 달성을 위해 CEO인 마이클 델은 사내에서 대규모 캠페인을 벌였죠.

마이클 델의 목표에 대해 사내에서는 반신반의하는 분위기가 있었던 게 사실입니다. 물론 언론의 반응도 좋지 않았죠. 하지만 그는 꾸준히 직원들과 만나며 공동의 목표를 공유하기 위해 교류했습니다. 끊임없이 교육시켰고 수시로 직원들을 상대로 강연을 하며 이메일을 보냈습니다.

마이클 델은 사원들과 함께 서버 컴퓨터 시장에서의 선전을 다짐하는 의미에서 대규모 체육관을 빌려 단합대회를 열려고 계획했습니다. 행사가 있기 전부터 몇몇 직원들은 자발적으로 슈퍼맨의 복장을 하고서 행사참여를 독려하고 나섰는데 슈퍼맨 복장을 한 직원들은 자신들을 서버맨(Server Man)이라고 지칭할 정도였습니다. 단합대회 날, 마이클 델은 성화를 들고서 봉송주자처럼 입장하며 직원들의 이목을 집중시켰습니다. 이에 사원들은 열광했고 서버시장에서의 선전을 다짐하는 구호가 체육관 전체에 울려 퍼졌습니다. 이후 직원들 모두에게 서버시장에서 승리하겠다는 자신감이 꽉 차게 됐습니다.

마이클 델은 하나의 목표를 정하고 그 목표를 반드시 이루어낸다는 직원들 간의 공감대를 이끌어내기 위해 위닝 컬쳐를 회사 전체에 퍼뜨리는 데 성공했습니다. 그 결과 그가 전파한 위닝 컬쳐로 인해 1996년 서버시장 점유율 10위에 불과하던 델은 97년에 4위로, 98년에는 2위로 뛰어 올랐습니다.

메모로
나를 경영하라

끊임없이 도전하라

"도전은 모든 인간 행위의 핵심이며 주된 동기이다. 우리는 바다가 있으면 이를 건너고, 질병이 생기면 이를 치료하고, 잘못된 것이 있으면 이를 바로잡으며, 기록이 있으면 이를 깬다. 그리고 산이 있으면 이를 오른다.

- 제임스 램지 울먼(미국 작가, 등산가)

기본적으로 모든 인간은 익숙한 지대에 오랫동안 머물고 싶은, 즉 안정된 지대에 안주하고 싶은 욕구를 가지고 있습니다. 그러나 또 다른 한편에는 위험하지만 새로운 도전지대를 찾아 나서는 도전과 모험의 욕구가 자리 잡고 있습니다. 도전하지 않으면 안전하긴 하지만 성공하기는 어렵습니다. 이는 역사가 가르쳐주는 사실입니다.

세븐일레븐, 세이부백화점 등 전 세계 16개국에서 맥도날드보다 더 많은 3만 9천 개의 매장을 운영하는 세계적인 유통업체 '세븐&아이홀딩스 그룹'은 일본이 -15.2%의 경제침체를 기록하며 사상 최악의 불황기를 보낸 지난 2009년에도 소비자 심리를 꿰뚫는 전략으로 오히려 승승장구했습니다.

이 기업을 이끄는 스즈키 도시후미는 평사원으로 시작해 회장 겸 CEO에 오른 인물입니다. 일본에서는 그의 경영방식을 '스즈키류'라 부르며 혁신 경영의 단골 사례로 들곤합니다.

도시후미는 도쿄출판판매(현 토한)에서 직장 생활을 시작한 후 평사원으로 일본의 대형 마트 체인인 이토요카도에 발을 내디뎠다고 합니다. 그 후 인사 등의 관리 부문을 총괄하는 간부 자리에 올랐고 주위의 맹렬한 반대에도 불구하고 사내 벤처로 세븐일레븐재팬을 설립했습니다. 그는 노조 상근활동가, 제빵 회사의 영업사원, 조종사 등 소매업에는 전혀 문외한이었던 초보자 15명을 직원으로 뽑아 새로운 사업을 시작했습니다. 이들이 바로 오늘날 일본 최대의 유통회사를 만들어낸 주역들입니다. 그의 도전이 성공했던 것은 그들이 경쟁 회사와의 '상대적인 경쟁'이 아니라 '절대적인 가치'를 추구하면서 창의적인 아이디어를 가지고 끊임없이 도전을 계속했기 때문입니다. 도전은 경쟁자 때문에 하는 것이 아니라 더 나은 나를 확인하기 위해 하는 것입니다.

미국의 시인인 존 그린리프 휘티어는 인간이 하는 말 중에 가장 슬픈 말은 "아, 그때 해볼 걸…"이라고 했다고 하죠.

자신의 꿈을 만들어가지 못하면 언젠가는 남의 꿈을 이루는데 이용된다는 것을 명심해야 합니다.

메모로
나를 경영하라

노는 물부터
달라야 한다

　일본 굴지의 기업들이 저가 스마트폰 시장에 뛰어들었다는 얘기가 들려옵니다. 샤프, 소니, 후지쯔 등이 일본의 유통업체인 라쿠텐 등과 손잡고 저가 스마트폰 공략에 나선 것입니다. 일본의 스마트폰 시장의 60%가 아이폰입니다. 2000년대 초반만 하더라도 일본 휴대폰이 일본 시장의 90%를 차지하고 있었습니다. 물론 여기에는 일본만의 독특한 휴대폰 문화가 자리하고 있습니다. 바로 갈라K입니다.

　갈라K는 갈라파고스와 일본어의 휴대폰을 뜻하는 케이타이(けいたい)가 합쳐진 일본식의 합성어입니다. 즉 외부 세계와 고립되어 고유의 생태계를 유지하고 있는 갈라파고스 섬처럼 일본만의 고유한 휴대폰 생태계 구조를 설명하는 용어입니다.

　일본은 아직도 휴대폰 사용자의 절반 이상이 갈라K 사용자입니다. 즉 우리식으로 얘기하면 3G 정도 됩니다. 스마트폰을 필요 이상의 기능이 많은 것으로 인식하고 보안도 믿을 수 없다고 판단하여 스마트폰에서 다시 갈라K로 돌아오는 사용자도 많다고 합니다.

일본은 내수 시장의 탄탄함으로 90년대 초까지 경제가 좋았습니다. 그러나 그 후 부동산 거품으로 인해 잃어버린 10년을 맞았습니다. 21세기 들어서 이 내수의 힘으로 다시 일어서려는 노력을 했는데 내수 시장이 의외로 일본 IT기술의 확장을 막고 있는 것입니다.

일본이 그동안 고령화 사회가 돼버렸기 때문이죠. 고령의 내수 시장에서 새로운 기술이 선택되는 것은 어렵습니다. 이들은 상표 충성도가 높기 때문에 자국 브랜드 제품에 약간의 하자가 있어도 크게 불만이 없습니다. 낯선 외국 브랜드를 사서 익히는 수고보다 낫다고 생각하는 것이죠. 이런 소비자들이 안일한 일본 기업을 만들었습니다.

결국 최근의 도요타자동차의 대규모 리콜 사태도 이런 고령화된 내수 시장을 상대하던 안일한 일본 기업이 급변하는 글로벌 시장에서의 높아진 소비자 욕구와 기업 윤리에 적응하지 못해 발생한 것일 수도 있습니다.

[연못에 사는 코이 (Koi)]

일본에는 코이(Koi)라는 잉어가 있습니다. 이 잉어는 특이하게도 자기가 사는 공간에 맞게 성장합니다. 즉 작은 어항에서 살면 5에서 8cm 정도 자라는데 수족관이나 연못에 넣어

두면 15cm에서 25cm까지 큰다고 합니다. 그런데 강에 방류하면 90cm에서 120cm까지 자란다고 합니다.

우리는 많은 울타리를 갖고 있습니다. 태어나서 처음 갖게 된 가족이라는 울타리부터 사회에서의 직장이라는 울타리까지 말입니다. 어떤 울타리는 벗어날 수 없지만 어떤 울타리는 내가 선택해서 들어간 곳입니다. 어떤 울타리는 나에게 도움이 되지만 어떤 울타리는 나에게 한계로 작용하기도 합니다.

예를 들어 학력, 지방대 등도 여전히 차별로 작용하는 울타리입니다. 심지어 한국 사회에서는 성별도 울타리로 작용합니다. 그런데 어떤 울타리는 스스로 그 안에서 만족해하며 벗어나지 못하는 경우도 있습니다. 그야말로 뱀의 머리로 만족하면서 용이 노는 쪽은 쳐다보지도 않는 것입니다.

어느 정도 성과를 내면 그 성과의 수준을 반복하면서 그 성과의 높이와 크기로 자기만의 성을 만들어 자족하는 것입니다. 일본은 한때 전 세계 가전제품 시장의 리더였습니다. 불과 20년 전만 해도 지금과 같은 일본 가전업계의 상황은 상상도 못했었습니다. 휴대폰 시장에서 잠시 방심하는 사이에 쫓아갈 힘도 잃어버렸습니다. 잠시 안주하는 바람에 독일 명차들과 어깨를 겨룰 수 있는 기회를 놓쳐버리고 말았습니다.

어떤 물에서 놀기를 각오하느냐에 따라서 본인의 성장 크기는 결정됩니다. 본인이 원하는 크기가 있다면 그만한 물에서 놀 각오를 해야 합니다.

당신은 준비가 되셨습니까?

메모로
나를 경영하라

공부에
정년은 없다

공부에 대해 이런저런 말들이 많습니다. 공부하는 방법에 대한 책도 많고 공부가 정말 중요하다는 책도 많습니다. 그런데 정작 언제까지 공부해야 된다는 얘기는 별로 없습니다. 공부는 언제까지 해야 할까요? 죽을 때까지 하는 겁니다.

뭘 공부하냐고요? 그 답은 스스로 찾아야 합니다. 그러나 분명한 건 공부는 한 인간을 깨어 있게 하고 깨어 있는 인간은 열매를 맺는다는 겁니다.

제 고향 제주엔 수령이 백 년이 넘은 귤나무가 있습니다. 이 귤나무는 소위 제주도 귤의 조상님입니다. 제주도에 제일 먼저 심어진 귤나무죠. 고향에 과수원이 있거나 그런 경험이 있는 분들은 아시겠지만 유실수, 즉 과일나무가 백 년 넘어 사는 게 쉽지는 않습니다. 대략 50년 정도면 그 수명을 다한다고 합니다. 물론 나무로는 더 살 수 있지만 그야말로 유실을 할 수 있는 기능은 없어진다는 것이죠.

그런데 제 고향의 이 귤나무 조상님은 아직도 열매를 맺습니다. 주변 사람들이 조상님이라고 극진히 모셨기 때문입니다. 가물면 물을 주고 철마다 거름을 주고 정성을 쏟으니 백 년을 넘은 가지에도 귤이 열립니다. 물론 그 열매가 우리가 시중에서 먹는 귤보다는 작습니다. 짐작컨대 먹으면 아주 시큼할 것 같습니다. 그러나 그 안에 생명이 있고 생명에 에너지만 공급되면 그 결실을 세상에 보여준다는 사실에 전 감명을 받았습니다.

우린 어느 정도 위치에 오르면 공부를 멀리합니다. 현직에서 물러나면 그야말로 공부와 담을 쌓습니다. 혹자는 이렇게 말할 겁니다. "어르신들이 신문을 얼마나 많이 보시는데요", "저희 아버님은 여전히 책을 손에서 놓지를 않으십니다"라고요.

그런데 책을 읽고 신문을 읽어 교양을 닦고 정보를 축적하는 것과 공부를 하는 것은 엄연히 다릅니다. 귤나무처럼 공부에는 열매가 있어야 합니다. 즉 구체적으로 정해진 목표를 달성하기 위한 정진의 과정이 바로 공부라는 것입니다. 토익 만점 받고 취직하면 영어 공부는 끝입니까?

정말 미국 사람과 편하게 술 한잔 하면서 대화할 수 있습니까? 세상에 언어가 영어뿐입니까? 세상에 학문이 본인의 전공 밖에 없습니까? 어느 학자의 말처럼 초년에는 공학을, 중년에는 문학을, 노년에는 철학을 공부할 수는 없습니까? 결과를 측정할 수 있는 목표를 정해놓고 책상 앞에 앉는 시간을 가져야 합니다. 그것이 공부의 자세입니다.

공부는 또 변화의 결이 됩니다. 가장 확실한 예가 승진 시험이겠죠. 공부를 하면 내 위치가 변합니다. 노량진에서 오늘도 청춘을 바쳐 공부하는 사람들도 삶의 다른 결로 가기 위해 애쓰고 있는 것입니다. 그러나 진짜 공부는 그 흐름을 바꾸는 때를 따로 두지 않고 늘 변화와 성장을 모색하는 것입니다.

드라마로 만들어져서 유명한 제주도의 거상인 김만덕을 소재로 한 소설 '섬의 여인, 김만덕-꿈은 누가 꾸는가?'를 쓰신 현길언 선생님은 저의 고교 은사님이십니다. 1974년, 제가 고3일 때는 우리반 담임까지 하셨죠. 최근까지 한양대 교수로 계시다가 은퇴하셨습니다. 지금도 직장인이나 초중고교 선생님들이 대학원을 많이 진학하지만 그렇게 해서 대학 교수까지 된다는 게 쉬운 일은 아닙니다.

제주도에서 대학을 나온 현길언 선생님은 처음 초등학교 교사로 시작했습니다.

그러다 제가 다니는 고등학교 교사가 되신 후 성균관대학에서 공부하여 후에 제주대학교 교수를 지내고 한양대학교 교수로 옮긴 후 퇴직하셨습니다. 이런 학문적 성과와 그에 따른 성장도 존경스럽지만 더 대단하신 건 선생님이 1980년에 정식으로 소설가로 등단하셨다는 사실입니다. 1940년생이시니까 딱 마흔이 되던 해였습니다. 고교 교사로 안주하고 고향에서 편한 중년의 삶을 그려볼 나이인 마흔에 말입니다.

사람이 성취하기는 쉬울지 모릅니다. 그러나 거기에 취하지 않고 또 다른 성취를 향해 정진하는 것은 어렵습니다. 미생에 나왔던 보들레르의 시 <취해라>에서는 우리에게 취하라고 권합니다. 드라마의 주인공도 멋지게 사업 계획서를 완성시킨 후 임원들의 칭찬을 받자 잠시 그 성공에 취합니다. 그러나 곧 냉엄한 현실을 확인하고 그 취기에 찬물을 끼얹은 듯 깨어납니다. 그리고 다시 다른 프로젝트에 달려듭니다.

공부도 마찬가지입니다. 이제 진짜 공부를 해야 할 때입니다.

'가증스러운 시간의 무게를 느끼지 않기 위해서 당신은 쉴 새 없이 취해 있어야' 하는 것이 아니라 그 시간의 무게를 오롯이 느끼고 그 시간의 무게만큼 책임 있는 리더가 되기 위해서 겨울 숲의 푸른 소나무처럼 늘 깨어 공부해야 합니다. 끊임없이 변화하는 지식사회를 살아가는 우리에게 필요한 것은 학력(學歷)이 아니라 학력(學力)이기 때문입니다. 공부는 생존의 필수조건이자 향후 리더를 꿈꾸는 당신의 숙명입니다.

"제 아무리 뛰어난 사람이나 기업도 잠시 연습을 게을리하게 되면 바로 집니다. 급격하게 변화하는 지식 사회에서 학습을 멈추면 나이에 관계없이 이미 늙은 사람입니다. 반대로 끊임없이 배우는 자는 나이와 관계없이 누구나 젊은 사람입니다"

— 미하이 칙센트미하이

메모로
나를 경영하라

1초도 돈으로
살 수 없다

제가 영화를 좋아해서 신작들은 가능한 챙겨보는 편입니다. 그런데 영화를 오랜 세월 봐오면서 재미있는 사실을 발견했습니다. 헐리우드 영화를 비롯한 서구의 영화에는 의외로 시간을 테마로 다룬 영화들이 많다는 겁니다. 아마도 서양에서는 시간이 직선으로 흐르고 동양에선 윤회라는 개념 아래 시간이 원으로 돈다고 보기 때문일지도 모르겠습니다. 그래서 서양 사람들이 지나간 시간, 과거에 대한 아쉬움이 더 큰 것일지도 모르죠.

영화 <The Giver>에서 할아버지가 손자뻘 되는 고교 2학년 학생에게 자신이 경험하고 배운 것을 전달하는 장면이 있습니다.

로빈 윌리엄스 주연의 <앵그리스트맨>은 늘 불평을 달고 사는 한 남자가 여의사로부터 실수로 90분밖에 못 산다고 선고를 받은 후 가족과 주변 지인들과의 관계를 회복하기 위해 좌충우돌하는 영화입니다. 비슷한 영화로는 <버킷리스트>가 있죠. 모건 프리먼과 잭 니콜슨이 각각 시한부 선고를 받은 두 노인으로 나와서 죽기 전에 해보고 싶었던 것들을 실컷 하는 모습을 그리고 있습니다.

이런 영화들의 특징은 늘 오늘의 중요함, 현실의 소중함을 강조하고 있습니다. 살 날이 얼마 남지 않은 노년, 또는 생명이 얼마 남지 않았을 때에서야 비로소 청춘과 생명의 소중함을 느낍니다. 그때서야 사랑하는 사람과 시간을 보내고 싶어하고 하고 싶었던 것을 하려 합니다. 왜 우리는 미리 알지 못했을까요? 왜 미리 하지 않았을까요?

어느 TV방송에서 신구 씨는 청춘이 제일 부럽다고 했습니다. 할까 말까 고민할 때는 "한다"고 한 말도 기억납니다. 나이 들어서 여러 노배우들과 세계를 여행하는 프로그램을 찍은 건 언제 찍을 수 있을지 장담할 수 없기 때문이었다고 합니다.

<인타임>이라는 영화에선 수명도 돈을 주고 삽니다. 수명으로 다른 물건을 살 수도 있습니다. 그래서 부자는 오래 살고, 가난한 자는 단명하거나 힘들게 노동해서 하루치의 수명을 벌어야 합니다. 그러나 다행히도 부자든 가난하든 현재까지의 시간은 공평하게 주어져 있습니다. 그 시간을 어떻게 보낼 것인지는 우리의 선택입니다.

과거는 지나갔고 미래는 오지 않았습니다. 우린 오직 지금 이 찰나를 살아낼 뿐입니다. 그 찰나마다 힘을 다해 살아내는 것이 우리 스스로에 대한 예의라고 생각합니다.

인터넷에서 발견한 시간의 소중함에 대한 글을 소개해드립니다.

1년의 소중함을 알고 싶으면 입학시험에 떨어진 학생에게 물어보십시오.

1년이라는 시간이 얼마나 짧은지 알게 될 것입니다.

한 달의 소중함을 알고 싶으면 미숙아를 낳은 산모에게 물어 보십시오.
한 달의 시간이 얼마나 힘든 시간인지 알게 될 것입니다.

한 주의 소중함을 알고 싶으면 주간 잡지 편집장에게 물어 보십시오.
한 주의 시간이 쉴 새 없이 돌아간다는 것을 알게 될 것입니다.

하루의 소중함을 알고 싶으면 아이가 다섯 딸린 일일 노동자에게 물어보십시오.
24시간이 정말 소중한 시간이라는 것을 알게 될 것입니다.

한 시간의 소중함을 알고 싶으면 약속장소에서 애인을 기다리는 사람에게 물어 보십시오.
한 시간이 정말로 길다는 것을 알게 될 것입니다.

1분의 소중함을 알고 싶으면 기차를 놓친 사람에게 물어보십시오.
1분이 얼마나 소중한 시간인지 알게 될 것입니다.

1초의 소중함을 알고 싶으면 간신히 교통사고를 모면한 사람에게 물어보십시오.
그 순간이 운명을 가를 수 있는 시간이라는 것을 알게 될 것입니다.

1,000분의 1초의 소중함을 알고 싶으면 올림픽에서 아쉽게 은메달을 딴 사람에

게 물어 보십시오.

　1,000분의 1초에 신기록을 세울 수 있다는 것을 알게 될 것입니다.

　당신이 가지는 모든 순간을 소중히 여기십시오.
　시간은 아무도 기다려 주지 않습니다.
　어제는 이미 지나간 역사이며 미래는 누구도 알 수 없는 신비일 뿐입니다.

메모로
나를 경영하라

때로는 새벽과
인사해라

    한참 아침형 인간이 유행이었습니다. 영어 회화도 새벽반, 수영도 헬스도 새벽반, 공부도 새벽에 하던 때였습니다. 그러더니 무슨 유행 지나가듯이 그런 말이 사라졌습니다.
    저는 여러분에게 아침형 인간이 되라는 말은 하고 싶지 않습니다. 다들 나름의 리듬이 있고 생업에 맞는 하루 싸이클이 있기 때문이죠. 그러나 가끔은 낯선 시간에 깨어 있는 경험을 해보라는 말은 하고 싶습니다.
    모든 사물은 태양 앞에서 그 색깔을 얻습니다. 그래서 태양의 위치에 따라 사물의 색깔이 변하게 됩니다. 그래서 종종 저녁 때 예뻐서 샀던 옷이 아침에는 별로이기도 합니다.
    우리는 늘 짜여진 시간 안에 살기 때문에 늘 같은 사물을 봅니다. 그 사물은 우리가 보지 않았던 시간에는 분명 다른 모습이었을 겁니다. 소리도 마찬가지죠. 새벽에는 세상에 많았던 모든 소리들이 사라지고 없습니다.

시계 초침 가는 소리가 이렇게 컸나 싶을 정도입니다.

창의력이란 게 사실 근본적으론 다르게 보기입니다. 늘 살던 동네, 가던 길, 늘 앉던 책상, 늘 오르던 뒷산을 다른 시간, 특히 새벽에 경험해 보면 우리 그야말로 신선한 시각을 경험하게 될 것입니다. 여행이란 게 별 것 아닙니다. 궁극적으로 다른 걸 보는 것입니다. 다른 걸 보기 힘들 땐, 같은 걸 다른 시간에 보면 됩니다.

새벽은 당신 앞에 다른 세상을 보여줄 것입니다.

메모로
나를 경영하라

먼 나라의 티켓을
사야 긴 여행이 된다

'여행 가서 한국 사람 알아보는 법'이라는 우스운 농담이 있습니다. 그 중 몇 가지만 얘기해보죠. 일단 여자들의 경우엔 풀 메이크업을 하면 한국 여자라고 합니다. 또 원피스를 즐겨 입는다더군요. 나이가 좀 많은 경우엔 어김없이 등산복이나 아웃도어 브랜드를 입고 있다라고 합니다.

여행의 시작은 뭘까요? 여행 가방을 사는 것일까요? 여행지를 고르는 것? 면세점 쇼핑? 제 생각엔 비행기표 예약이라고 생각합니다. 목적지에 갈 수단을 손에 넣으면 그 여행은 가기도 전에 현실화되는 것이죠.

그런데 여행을 갈 때 꼭 컵라면이나 튜브에 들어있는 고추장을 싸가는 분들이 있습니다. 현지 음식을 도저히 못 먹는 분들이죠. 여행을 가도 스타벅스나 맥도날드만 가는 분도 있다더군요. 요즘엔 공정 여행이라는 말이 있습니다. 현지인이 하는 식당과 현지인이 운영하는 호텔을 이용해서 최대한 현지의 경제에 도움을 주는 여행이죠.

요즘엔 여행의 개념이 많이 바뀌었습니다. 과거엔 여행이 낯선 곳에 가서 구경한다는 개념이 강했지만 요즘엔 낯선 곳으로 가서 짧게라도 살고 온다는 개념이 있다고 합니다. 물론 모든 여행지가 그럴 수는 없겠지만 우리는 여행, 특히 해외여행을 갈 땐 그곳에 가서 잠시 살고 온다는 기분으로 가는 게 좋다고 생각합니다.

일전에 크리스마스를 베트남에서 보낸 적이 있었습니다. 계약 때문이었습니다. 서울은 영하 10°가 넘는데 베트남은 영상 30°가 넘었습니다. 크리스마스 기분이 안난다고 불평할 수도 있었지만 베트남 사람들은 언제나 그렇듯 이런 크리스마스를 당연하게 생각하기에 저도 받아들였습니다.

구본형 씨가 출간한 「익숙한 것과의 결별」이라는 책이 있습니다. 여행은 그야말로 익숙한 것과의 짧은 결별이어야 합니다. 익숙한 잠, 익숙한 하루, 익숙한 밥과 잠시 결별하고 철저하게 낯선 삶을 며칠이라도 살다오면 물론 몸은 힘들 수 있겠지만 새로운 시각, 새로운 경험으로 충전되어 돌아옵니다.

여행을 꿈꾸십니까? 이번 여행은 가장 먼 나라의 비행기 티켓을 사는 것으로 시작하면 좋겠습니다.

메모로
나를 경영하라

1만 시간의 법칙

「아웃 라이어」라는 책에는 1만 시간의 법칙이 나옵니다. 하루 세 시간, 십 년 동안 꾸준히 하나의 일에 매진하면 정말 도사가 된다는 얘깁니다. 신경과학자인 다니엘 레비틴(Daniel Levitin)의 연구에 의하면 어느 분야에서든 세계 수준의 전문가가 되기 위해서는 1만 시간의 연습이 필요하다고 합니다. 이는 세계적인 음악가, 소설가, 운동선수 등을 통해 확인할 수 있는데, 1만 시간은 대략 하루 4시간, 일주일에 28시간씩 7년이라는 시간입니다.

하루에 8시간 이상을 업무에 집중하고 있는 직장인들에게도 '1만 시간'은 달성하지 못할 꿈의 수치만은 아닙니다. 문제는 얼마만큼 자신의 일에 의미를 부여하고 최선을 다해 집중할 수 있느냐에 달려있다고 할 수 있습니다.

오랜 연습으로 발가락이 휘고 뒤틀린 최경주 선수의 엄지발가락이 신문에 공개된 적이 있습니다. '노력의 증거'인 엄지발가락을 보는 순간 '우회축적의 힘'이 주는 위대함을 확인할 수 있었습니다. 그는 '최선을 다한 훈련은 의미가 없다. 죽을 힘을 다한 훈련과 도전이 있을 뿐'이라고 강조했습니다. 최고가 된다는 것, 정상에 선다는 것은 노력밖에 없음을 일깨워주는 사진이었습니다.

 우리를 놀라게 한 발은 최경주 선수의 발만이 아닙니다. 영원한 캡틴 박지성 선수와 세계적인 발레리나 강수진 씨, 이상화 선수 등이 있습니다. 수많은 상처와 굳은살로 가득한 박지성 선수의 풋프린팅 사진을 보면 그가 얼마나 힘들게 세계무대를 누볐는지 알 수 있습니다. 일반인들은 오래 걷기도 힘들다는 평발로 말입니다.

 동양인 최초로 최고 무용수에 선정된 세계적인 발레리나 강수진의 발에서도 역시 고통과 인내의 시간을 느낄 수 있습니다. 하루에 19시간을 연습에 매진했다는 강수진의 발은 피멍으로 얼룩지고 오래된 나무처럼 보일 지경입니다.

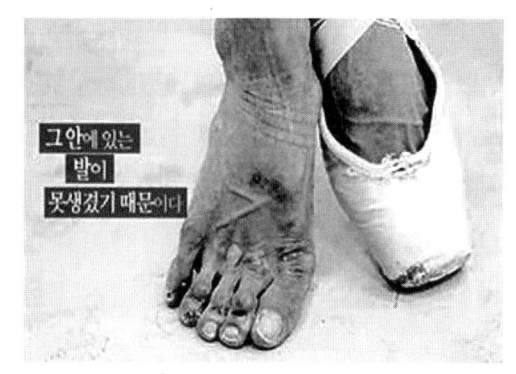

[강수진 발레리나의 발]

 이상화 선수의 발은 온통 굳은살 투성이입니다. 발바닥은 물론 발 옆면까지 굳은살로 뒤덮여 있을 정도입니다. 세계 무대를 누비며 큰 활약을 펼친 박지성, 강수진, 이상화 선수의 발을 보면 얼마나 많은 시간동안 고통과 인내 속에서 노력해 왔는지 확인할 수 있습니다.

저는 임직원들에게 하루에 10분이라도 신문을 읽고 중요한 정보를 메모하라고 강조했습니다. 매일매일 적은 시간이라도 무언가를 읽고 메모를 하는 습관을 들이면 그것이 쌓여 머지않아 1만 시간을 이루게 될 테니까요.

누구든 어떤 일에 1만 시간을 투입하면 못해낼 일이 없습니다. 그리고 그 시작은 메모에 있습니다. 메모를 하는 순간 인생은 달라집니다. 메모를 통해 하루를 계획하고 일주일을 계획하고 1년을 계획하는 삶을 산다면 그 자체로도 충분히 목표를 이루게 됩니다. 그리고 1만 시간을 메모에 투자한다면 그 누구도 넘보지 못할 최고의 전문가 위치에 도달하게 될 것입니다.

메모로 1만 시간 달성하기는 꿈의 수치가 아닙니다. 문제는 얼마만큼 메모에 의미를 부여하고 최선을 다해 실천하느냐에 달려있다고 할 수 있겠죠.

메모로
나를 경영하라

지속가능한 실천의 힘

독일의 심리학자인 롤프 메르클레는 "천재는 노력하는 사람을 이길 수 없고 노력하는 사람은 즐기는 사람을 이길 수 없다"고 했습니다. 「논어(論語)」옹야편(雍也篇)에도 비슷한 말이 나옵니다.

"知之者는 不如好之者요, 好之者는 不如樂之者니라"
(지지자는 불여호지자요, 호지자는 불여락지자니라.)

"알기만 하는 사람은 (공부를) 좋아하는 사람만 못하고, 좋아하는 사람은 (공부를) 즐기는 사람보다 못하다"는 뜻입니다.

우린 이 문장을 "노력하는 사람보다 즐기는 사람이 더 강하다"라고 얘기합니다. 그런데 두 문장을 자세히 들여다보면 즐기는 사람이 무엇을 즐기느냐가 핵심입니다. 공부를 열심히 하는 사람이 있습니다. 매일 운동을 열심히 하는 사람도 있습니다. 둘 다 노력합니다. 둘 다 소기의 성과를 거둡니다.

그런데 이 노력 자체를 즐기는 사람도 있다는 겁니다. 즉 노력을 하되 그것이 고역이고 힘들게 느껴지고 애써서 노력을 해야 하는 사람은 노력 자체를 즐기고 그 과정 자체를 즐기는 사람을 이길 수 없다는 말입니다. 결국 어떤 노력이든 그것을 지속하기 위해서는 그 과정 자체를 긍정적으로 받아들이고 즐길 수 있어야 합니다.

연습을 즐기는 또 한 사람은 바로 역도 전 국가대표 장미란 선수입니다. 장미란 선수가 베이징 올림픽에서 금메달을 따고 한국에 온 이후 며칠 만에 다시 운동을 시작한 줄 아십니까? 바로 일주일입니다. 남자 선수의 경우엔 열흘을 쉬면 몸을 다시 원상복귀 하는데 15일이 걸린다고 합니다.

그런데 여자 선수들은 2, 3일만 쉬어도 회복에 한 달이 걸리고 열흘을 쉬면 일반인과 똑같이 되어 버린다고 합니다. 그래서 장미란 선수는 은퇴하기 전까지 쉼 없이 운동을 해온 겁니다.

늘 새로운 것에 도전하고 무섭게 연습해서 완성시키는 사람으로는 개그맨 김병만 씨를 빼놓을 수 없습니다. 김병만 씨는 카리브해의 벨리즈에서 스카이다이빙 한 번을 하기 위해 6개월을 준비했고, 65회의 스카이다이빙을 했습니다. 그전 개그 코너인 달인 시절부터 새로운 기술을 짧게는 일주일, 길게는 한 달 이상 연습해서 무대에 선보였다고 합니다.

그래서 그가 나오는 프로그램은 진정성이 느껴집니다. 정글의 법칙이 조작 방송 논란을 딛고 현재까지 방송되고 있는 것은 바로 노력하는 김병만의 진정성을 알아보는 시청자들이 있기 때문일 겁니다.

저 역시 반복되는 연습의 중요성을 뼈저리게 느끼고 있습니다. 메모뿐만이 아닙니다. 저는 18년 동안 매월 거르지 않고 200회 넘게 이끌어 온 조찬 포럼이 있습니다. 눈이 오나 비가 오나 아침 일곱시에 시작하는 포럼이라서 이끌어가는 저나 참여하는 분들이나 보통의 인내심으로는 지속할 수 없었을 겁니다.

예전부터 존경해온 안창호 선생님 때문에 고등학교 때부터 활동해온 홍사단 아카데미 활동은 40년이 넘었습니다. 사소한 것이라도 연습 없이 되는 건 없습니다. CEO로서 직원들 앞에서 노래할 기회가 종종 있는데 그때마다 임직원들 눈높이에 맞추기 위해 신곡을 연습해 갑니다. 이승철 씨의 '그 사람'이나 싸이의 '챔피언'은 정말 꾸준히 연습해서 겨우 부를 수 있게 된 노래입니다.

이 외에도 제가 꾸준히 실천해온 것들이 있습니다. 신문 스크랩하여 정리정돈하고 여러 번 읽기는 30년, 임직원들 입사일, 생일, 결혼기념일 등 기념일에 축하 전화하기와 개인 홈페이지 운영, 메모, 일기쓰기와 단행본 책 1년에 100권 이상 읽기는 14년, 아내와 같이 등산, 여행 다니기와 매주 화요일 쓰레기 분리수거하기는 10년 넘게 해오는 일들입니다.

헤밍웨이는 창작활동의 비결을 묻는 기자에게 "여하튼 매일 정해진 시간에 책상에 앉아 있는 것이다"라고 답했습니다. 번뜩이는 영감이나 주옥같은 문장도 의자에 앉아 있는 시간에 비례해서 나온다는 얘깁니다.

오늘부터 하기로 한 그 일, 아주 사소한 노력을 십 년 이상 할 수 있습니까? 그럼 당신은 프로가 될 가능성이 있습니다. 그 노력을 즐길 마음이 있습니까? 그럼 프로 중에도 최고가 될 가능성이 있습니다. 당신의 첫 번째 다짐이 십 년 후에도 이어져서 화려한 빛을 보길 기원합니다.

사소한 습관이
차이를 만든다

　습관에는 사실 긍정과 부정의 뜻이 함께 있습니다. 네이버 국어사전에는 '여러 번 되풀이함으로써 저절로 익고 굳어진 행동'이라는 뜻과 함께 '치우쳐서 고치기 어렵게 된 성질'이라는 뜻도 있습니다. 전자는 어찌보면 긍정적인 뜻이라 할 수 있습니다. 되풀이한다는 것은 자발적으로 했다는 의미이고, 저절로 익고 굳어진 행동이라는 것은 원래 안하거나 못하던 행동인데 그걸 익혀서 늘 해왔던 행동처럼 만들었다는 얘기입니다.
　그러나 '치우쳤다'는 말은 여러 가능성 중 하나의 동작이나 행동만을 했기 때문에 다른 행동이나 동작을 할 수 없게 됐다는 의미가 담겨 있습니다. 그래서 나중에 다른 동작이나 행동이 더 좋다는 걸 알았을 때는 이미 '고치기' 어려운 한 사람의 성질이 되어버린 겁니다.
　여기 긍정과 부정의 뜻을 다 포함해 습관을 가진 사람이 있습니다. 바로 류현진 선수죠. 류현진 선수는 오른손잡이입니다. 밥도 오른손으로 먹고,

타격도 오른손으로 합니다. 탁구도 오른손으로 칩니다. 그런데 왼손 투수가 됐습니다. 심지어 미국 기자들이 오른손으로 던질 수 있느냐고 물었더니 멀리는 못 던진다고 대답했답니다. 어쩌다 이렇게 됐을까요? 바로 아버지 류재천 씨 때문입니다.

류재천 씨는 학창시절 럭비를 했던 야구팬이었습니다. 그러니까 나름 던지는데 일가견이 있던 야구팬이었던 거죠. 그런데 아들이 열 살 때 야구를 한다고 하니까 글러브를 사왔습니다. 그런데 이게 왼손잡이 글러브였던 거죠. 그러면서 한마디 했답니다. "이제 오른손으로 던지면 혼난다"

그런데 류현진 선수는 정말 노력해서 왼손으로 던지는 투수가 됐습니다. 류재천 씨는 또 하나의 버릇도 만들어 줬는데 바로 "홈런은 맞아도 절대로 볼넷은 주지마라"였습니다. 그래서 류 선수는 초등학교 때부터 홈런을 맞고 오면 칭찬을 받았지만 볼넷을 주고 오면 혼났답니다.

습관의 한자어에서 '습'(習)자는 학습을 의미합니다. 의도적인 반복입니다. 좋다고 생각하는 것을 의식적으로 반복하는 겁니다. 그래서 '관'(慣)자의 의미처럼 익숙해지는 겁니다. 지금은 불편해도 그 불편함이 익숙해지고 자신만의 무기가 될 수 있다면 우린 새로운 습관을 만들어야 하는 겁니다.

스포츠에서는 습관만큼 중요한 게 루틴입니다. 루틴은 심리적인 겁니다. 실제 경기력하고는 아무 상관없어 보입니다. 대표적인 게 박태환 선수의 헤드폰입니다. 사실 박태환 선수 이전에 수영장에서 헤드폰을 쓴 선수를 본 일이 있나요? 거의 없습니다. 헤드폰으로 음악을 듣고 나오는 게 경기력에 직접적인 영향을 미칠까요? 그렇진 않을 겁니다. 그러나 긴장을 풀게 해주고 긴장이 풀리면 근육은 제 능력을 십분 발휘하게 되죠.

루틴을 자주 볼 수 있는 종목 중에는 단체 종목도 많이 있습니다. 양궁도 이런 종목 중 하나입니다. 단체전 경기를 보면 잘 쐈던 못 쐈던 하이파이브를 하고 격려의 말을 보냅니다. 배구는 또 어떻습니까? 점수를 딴 쪽이든 잃은 쪽이든 자기 코트 중앙에 모여 파이팅을 합니다.

루틴이 가장 많은 경기는 아마 야구와 골프일겁니다. 야구에선 이 루틴을 파악해서 작전에 이용하기도 합니다. 류현진 선수는 직구를 던지던 변화구를 던지던 폼이 똑같습니다. 그런데 폼이 달라지는 선수들이 있죠. 그래서 견제구를 던질 때의 어깨 각도까지 본다고 합니다. 타자들의 경우엔 타석에 들어가기 전에 하는 행동들이 이런 루틴에 속합니다. 골프에서 루틴에 대해 가장 정확하게 설명한 사람은 아마 타이거 우즈일겁니다.

"내가 좋은 샷을 할 수 있는 이유 중의 하나는 언제나 같은 루틴(routine)을 따르기 때문이다. 나의 루틴은 결코 변하지 않는 나만의 유일한 것이다. 그것은 최상의 샷을 할 준비가 된 상태에서 매 순간 평정심을 유지할 수 있도록 한다"

루틴은 결국 평정심의 유지와 관련 있습니다. 그 평정심은 변하지 않는 자신만의 루틴이 있을 때 가능해집니다. 아침 업무 시간 전에 어떤 일을 합니까? 자기 전에 뭘 하고 잡니까? 바이어를 만나러 가기 전에 뭘 합니까? 보고서를 쓸 때 어떤 습관이 있습니까?

루틴은 사소한 겁니다. 그러나 그 사소한 차이가 샷의 차이를 만들고 그 차이나는 샷의 수준이 결국 게임의 승자와 패자를 나눕니다. 좋은 습관, 작은 행동의 순서를 만드시기 바랍니다.

그 루틴이 당신을 승자로 만들 것입니다. 그리고 그 루틴은 당신만의 고유한 승리의 시그니처(Signature) 루틴이 되어 후에 두고두고 회자될 것입니다.

메모로
나를 경영하라

진정한 네트워크는
人-net

사람을 만나는 건 쉬울 수도 있습니다. 그런데 그 사람과 좋은 시간을 보내고, 그 사람을 기억하고, 그 사람을 내 사람으로 만드는 건 정말 어렵습니다. 알다시피 비즈니스는 혼자서 하는 게 아닙니다. 책상 앞에 앉아서 머리만 굴려서 되는 게 아닙니다. 우리 팀, 우리 부서, 우리 회사만 가지고 되는 것도 아닙니다. 결국 비즈니스는 사람이 하는 겁니다.

리더의 자리로 올라갈수록 그야말로 인맥, 즉 인의 네트워크가 절실히 필요합니다. 조찬, 점심, 저녁을 통해 많은 사람들과 접촉합니다. 그 접촉 속에서 비즈니스의 씨앗도 뿌려지는 거죠. 물론 비용도 들고 낯선 분야의 낯선 사람과의 대화를 위해서는 평소에 많은 지식과 노하우의 축적이 필요합니다. 그러나 그만한 가치가 있습니다.

사람을 만나서 그 사람의 이야기를 들으며 그 사람의 삶과 지식의 조각을 맞춥니다. 그 사람이 소중하게 생각해온 지식과 경험을 들으며 고개를 끄덕입니다. 어떤 부분에선 손을 움직여 적습니다. 그 과정에서 그 사람과 나 사이에 배려와 신뢰가 쌓입니다. 그리고 이것을 유지하기 위해 지속적인 노력이 들어갑니다.

조찬 시간에 많은 사람을 만납니다. 특히 도산 아카데미의 조찬 때 그렇습니다. 그때마다 제가 마음속으로 다짐하는 게 있습니다. 바로 청정문해입니다.

청 - 열심히, 많이 듣고
정 - 마음으로 공감하고
문 - 궁금함을 미루지 말고 질문하고
해 - 해답을 얻어 미래의 혜안을 얻자.

내가 만약 메모를 하지 않았다면 대인관계가 원만하지 못했을 것입니다. 메모를 통해 사람들과 관계를 맺고 아이디어를 얻는 편인데, 단순히 아이디어를 얻는데 그치지 않고 서로 주고받는 관계로 발전할 수 있었던 거죠. 사람들을 만나 술잔만 오가는 것이 아니라 제가 알고 있는 정보를 전해주기도 하고 또 새로운 정보를 듣기도 합니다. 모임에서 사회를 자주 보는 편인데, 이는 평소 메모를 잘하기 때문에 가능한 것입니다. 메모가 대인관계의 폭을 넓히는 데도 큰 역할을 했다고 할 수 있죠.

그리고 받은 명함에는 반드시 언제 어디서 만났는지 작은 글씨로 메모합니다. 이런 식으로 확보된 인적 파일만 무려 1만 2천여 명에 이릅니다. 이것이야말로 저에게 있어 가장 큰 자산입니다.

Give & Give & No - Take 라는 말이 있습니다. 상대방에게 늘 배려해 주다 보면 언젠가는 좋은 일이 생긴다는 뜻이죠. 어느 먹구름에서 비가 내릴지 모르기 때문에 인간관계를 꾸준히 이어가는 습관이 필요합니다.

우리의 삶은 남과 더불어 살아가도록 되어 있습니다. 오늘 이 순간 앞에 앉은 사람의 이야기를 오랫동안 들어보시기 바랍니다. 마음으로부터 깊이 공감해주기 바랍니다. 안타까운 이야기엔 같이 한숨도 쉬고, 즐거운 이야기엔 기꺼이 웃어주길 바랍니다. 더 나은 지식을 가진 사람이면 물어보고 함께 미래의 답을 찾는 시간도 갖길 바랍니다.

스마트폰으로 지금 당장의 답과 눈앞에 안 보이는 사람과의 커뮤니케이션에만 신경 쓰지 말고 지금 눈앞에 있는 사람과의 살아 있는 소통의 시간을 소중하게 생각하셔야 합니다.

그 사람의 힘으로 언젠간 당신의 길이 열릴 수 있습니다.

길을 만든 사람, 길을 찾은 사람

    제주 올레 이사장인 서명숙 씨는 저와 하숙집 동기입니다. 인기 있었던 드라마 '응답하라 1994'에 나오는 주인공들처럼 말이죠. 서명숙 씨하고는 대학도 같은 데다가 제 집사람 친구로, 집사람을 소개해 준 사람이라 인연이 남다릅니다.

    대부분의 사람들은 서명숙 씨를 올레길 만든 사람으로만 알고 있습니다. 그러나 그는 23년 동안 언론인으로 살아 왔습니다. 이름만 대면 알만한 유명한 언론사의 부장, 편집장, 편집국장 등을 거쳤습니다. 어느날 그 일을 때려치웠습니다. 그리고 800km가 넘는 스페인의 산티아고 길을 26일 동안 걷고 왔습니다.

    그 후 고향 제주도에도 그런 길을 만들겠다고 다짐했습니다. 모두가 미쳤다고 하고 관광 사업자들은 십년도 더 걸릴 거라며 말렸지만 오직 한 사람, 동생만이 좋다고 나서서 둘이 제주의 길을 누비고 다닙니다. 2007년,

그녀의 나이 오십을 넘어서던 때였습니다.

그녀가 잇고 열고 낸 길은 이제 일 년이면 이십만 명이 넘게 찾는 길이 됐습니다.

3, 4일이면 다 돌아본다는 제주도를 일주일이 넘는, 심지어 보름이 넘게 머물며 여행하는 섬으로 만들었습니다. 관광지 중심으로만 번창하던 제주도가 이제는 구석구석 올레를 찾는 관광객과 호흡하며 먹고 살게 됐습니다.

그녀는 길은 만드는 것이 아니라 내는 것이라는 말을 했습니다. 산을 좋아하는 저로서는 정말 공감되는 말입니다.

산의 이름은 하나지만 그걸 오르는 길의 이름은 많습니다. 에베레스트에도 수십 개의 길이 있습니다. 그리고 그 길에는 그 길을 낸 사람의 이름이 붙습니다. 길은 거기 있었고 모든 사람이 그 길을 봤지만 어느 누구도 가지 않았기에 처음 간 사람의 이름을 붙이는 것입니다. 히말라야에 직지

[제주 올레 서명숙 이사장]

루트를 만드는 과정에서는 우리 산악인 두 명이 목숨을 잃기도 했습니다. 그만큼 새 길을 내는 건 위험한 일입니다.

새 길을 가는 것도 용기가 필요합니다. 늘 가던 길을 가는 것, 많은 사람들이 갔던 길을 가는 것은 편합니다. 쉽습니다. 남들만큼 갈 수는 있습니다. 그러나 더 이상 새로운 길을 만나지는 못합니다.

우리는 차원이 다른 삶을 꿈꾸고, 남들보다 앞서나가길 희망합니다. 길을 내기 위해선, 그 길을 가기 위해선 먼저 그 길을 나서는 첫 걸음이 필요합니다. 당신에게 절실히 필요한 건 그 첫걸음을 내딛는 용기입니다.

메모로
나를 경영하라

한번 총무는
영원한 총무

　저에게는 '오마담'이라는 별명이 있습니다. 고교 동창들이 지어준 거죠. 어디에서 어떤 일을 하는 마담이냐에 따라서 다르겠지만 일단 마담하면 그야말로 친화력의 대명사입니다. 마담은 오는 손님들 모두와 친하고 또 잘해줍니다.
　들고 보니 저도 좀 비슷한 부분이 있습니다. 제가 학창시절 별명이 걸레부장이었습니다. 정식 직함은 총무부장이었는데 남에게 일을 시키기보다는 어차피 누군가 해야 한다면 내가 하자는 생각에 남보다 일찍 등교해서 수업 시작 전에 칠판, 분필, 청소 도구 정리를 도맡아 했기 때문입니다. 그런데 재미있게도 사회 나와서도 총무 역할을 도맡아 하게 됐습니다.
　다들 아시겠지만 총무 역할이 뭡니까? 그야말로 마담입니다. 얼굴 마담이자 영업 마담 역할입니다. 단체의 행사 일정 잡고 회원들의 대소사 챙기고 경조사가 생기면 회원들에게 다 알려주고… 그러다보니 자연스레 메모와 서류 관리, 금전출납까지 능통하게 됐습니다. 또 주소록을 만들고 연락 담당을 맡다보니 자연스레 인맥 관리도 잘 하게 됐습니다.

그 뿐입니까? 회의라도 하면 서기와 함께 회의의 주요 사항을 메모해 놓아야 합니다. 또 정기모임 후에는 모임 일지도 써야 하고 비용도 정리해야 합니다. 다른 회원들이 자리에 와서 즐겁게 마시고 얘기하고 놀고 갈 때까지 정신 바짝 차리고 있어야 하는 자리이기도 하죠. 그야말로 남들이 다 취하더라도 저만큼은 절대로 취해선 안 되는 거죠.

이렇게 오랫동안 총무 일을 하다 보니 자연스레 조직을 운영하는 거라든지, 책임감, 돈의 투명성과 도덕성, 사람 대하는 것에 대해 배우게 되었고 익숙하게 되었습니다.

그런데 나이를 먹고 위치가 높아졌다고 해서 총무자리를 벗어나는 게 아닙니다. 한번 총무는 영원한 총무이듯 대학 동기들 모임에서도 여전히 저는 총무역할을 합니다. '이사목'이라고 해서 매월 두 번째, 네 번째 목요일에 만납니다. 제가 75학번인데 자주 나가지 못하지만 그 사람들을 아직도 만납니다. 어떤 모임이든 지속 여부는 총무에 달려 있습니다. 누군가는 궂은일을 자처해야 모임이 돌아가니까요.

그러나 언제 만나도 좋은 사람은 역시 고등학교 동창입니다. 그야말로 고향 친구 아니겠습니까? 그런데 이렇게 친하고 허물없는 사람들끼리의 모임도 총무가 잘해야 합니다. 소위 더 맘에 맞는 사람들끼리 소그룹화되거나 정치판처럼 계파가 만들어질 수 있기 때문입니다. 계파가 만들어지는 순간 그야말로 분당되듯이 모임이 깨질 수 있습니다. 계파가 없으면 당연히 참석 인원이 많습니다. 누구 꼴 보기 싫어 못 나오겠다는 사람이 없기 때문이죠.

 저는 10년 이상 고등학교 동기모임에서 회장을 역임했지만 친구들 간의 개별적 친목계가 없습니다. 제가 만들면 동창회가 와해되기 때문입니다.

 이런 모임이 지속되려면 두루두루 챙기고 살피고 화기애애한 분위기를 이어갈 수 있는 친화력 있는 사람이 필요합니다. 그 역할이 제게 주어졌다는 건 친구들이 그만큼 저를 신뢰한다는 의미이고 또 저의 수고로움으로 소중한 모임이 꾸준히 지속되니 오마담이란 별명이 때론 훈장처럼 느껴집니다. 사실 그때는 몰랐습니다.

 남들이 싫어하는 일을 대신 해주니까 친구들이 나를 더 좋아하게 되어, 졸업 후 동창회장을 10년 동안 맡아서 하는 등 동창 간 좋은 인간관계를 유지하는 효과도 거두었다는 걸 이제서야 깨달았습니다.

 사실 어느 모임에서든 맨 앞에 나서는 걸 좋아하고 최고의 감투를 욕심내는 사람은 있어도 총무를 자청하는 이는 드뭅니다. 기왕 할 거면 회장을 하고 싶어 합니다. 그러나 사람에게는 저마다의 능력과 역할이 있는 법. 저는 회장보다 총무가 제격인가 봅니다. 굳이 1인자의 위치에 서기보다는 회원들을 관리하고 모임의 크고 작은 일들을 챙기고 전달하는 총무 역할이 맘에 듭니다. 보람도 있구요.

 제가 총무로 소임을 완수하고 인정을 받게 된 건 아마도 오랜 시간 몸에 밴 메모 습관 덕분일 겁니다. 남들에게는 귀찮고 번거롭지만 회원 관련한 주소나 전화번호를 업데이트하는 일들이나 모임의 중요한 기록을 제가 가장 오래, 또 가장 많이 메모해왔기 때문이죠.

 그래서 저 같은 총무가 필요한 것입니다. 그리고 친구들이 오마담을 찾는 이유이기도 하구요.

메모로
나를 경영하라

젊은 당신의 목소리가
듣고 싶습니다

2010년 서울에서 열렸던 G20정상회의의 폐막 기자회견 때 있었던 일입니다. 오바마 대통령은 주최국의 역할을 훌륭히 해준 한국에게 고마움을 표하며 특별히 한국 기자들에게 질문할 기회를 줍니다. 순간 정적이 흐르죠. 오바마 대통령은 혹시 영어를 못해서 그러는지 모를 거라는 생각에 한국말로 질문하면 통역이 가능할 거라는 얘기까지 합니다. 그래도 정적이 흐릅니다. 전 세계의 기자들이 함께 숨죽입니다.

그때 한 기자가 일어납니다. 그러나 안타깝게도 중국 기자였습니다. 질문할 한국 기자가 없는 것 같으니 자신이 아시아를 대신해 질문해도 되겠느냐고 오바마 대통령에게 묻습니다. 그러나 오바마 대통령은 한국 기자들에게 질문할 기회를 주고 싶었는지 할 사람이 없는지 다시 확인해보고 그래도 없다면 당신이 하라고 했습니다. 아주 난감한 정적이 흐르고, 결국 질문은 중국 기자가 하게 됩니다.

이 사건은 한동안 입시교육의 병폐, 점수 따기 위주의 영어 교육의 문제, 언론인의 수준, 외교 문제, 대통령의 배려, 중국인의 당당함 등 다양한 주제로 다뤄지며 여러 사람의 입에 오르내렸습니다. 심지어 교포 신문에서는 부끄럽다는 사설까지 실렸었습니다.

얼마 전에 어느 교수님이 저에게 "요즘 젊은 세대는 Q세대입니다" 그러더라고요. 그래서 무슨 말이냐고 했더니 너무 조용한(Quiet)세대라는 겁니다. "민주화 운동 시대도 지났고 취업에 바쁜 대학생들이 떠들 이유가 뭐가 있겠습니까?"하고 물었더니 강의실에서도 조용한 건 아마 우리나라 학생들이 최고일 거라고 하시더군요.

강의실에서 조용한 학생들은 결국 자기표현에 약하게 됩니다. 어쩌면 체면을 생각해서 중요한 지식을 얻을 기회를 놓쳤을 수도 있습니다. 게다가 졸업 후에는 토론이나 상호 소통에 어려움을 겪을 수도 있습니다.

아마 이쯤 얘기하면 무슨 소리냐, 요즘 친구들이 얼마나 활발하게 SNS를 하는 줄 아느냐, 모르는 소리 하지 마라 하실 분도 있을 겁니다. 그러나 저는 그 찰나의 짧은 글이 아니라 젊은 사람들의 생생한 목소리를 듣고 싶습니다. 페이스 북에 올려놓은 맛있는 음식 사진을 보고 싶은 게 아니라 그 음식이 얼마나 맛있었는지 자기 나름의 진지한 평가를 듣고 싶은 겁니다.

트위터의 몇 글자로 생각의 조각이나 파편만 보여주는 게 아니라 진지하게 긴 시간을 들여 토론하는 모습을 보고 싶은 겁니다.

그런 의미에서 전 몇 년 전에 이슈가 됐었던 P세대라는 말이 생각납니다.

Passion, Power, Participation… 바로 열정, 힘, 참여의 세대를 말합니다. 전

여기에 Presentation도 추가하고 싶습니다. 단순히 PPT 등을 활용한 발표를 잘하는 것만 말하는 게 아니라 자신의 생각과 의견을 정확하고 침착하게 말할 수 있는 젊은이들이 반갑기 때문입니다.

유대인들은 자녀가 학교에서 돌아오면 오늘 뭘 배웠는지를 묻지 않고 무슨 질문을 했는지를 묻는답니다. 교육이 일방적인 배움이 아니라 참여와 표현을 통한 소통의 과정에서 이뤄진다는 것을 알고 있기 때문이죠.

저는 오늘도 젊은이들의 목소리를 듣고 싶습니다. 앞서 살아온 내게 그들이 궁금한 모든 것을 질문하는 힘차고 열정 어린 목소리를 듣고 싶습니다.

메모로
나를 경영하라

쉼표가
필요한 이유

얼마 전 문화체육관광부에서 국민여가활동조사 결과를 발표했습니다. 우리 국민이 가장 많이 하는 여가활동은 당연 TV시청이었습니다. 무려 51.4%를 차지했습니다. 두 명 중 한 명은 평일 저녁이나 주말엔 TV를 본다는 겁니다. 근데 재미있는 건 이런 여가활동을 할 때 혼자서 하는 사람이 56.8%나 된다는 겁니다. 그러니까 종합해보면 혼자서 TV보는 게 최고의 여가활동인 겁니다.

휴일에도 포트폴리오가 필요합니다. 자신만의 독특한 포트폴리오 말입니다. 저라고 뭐 특별한 건 없습니다. 시간이 나면 집 가까운 산에 오르거나 모처럼 긴 시간이 나면 아내와 함께 데이트를 합니다. 영화를 보고 밥을 먹고 차를 마시고 쇼핑을 합니다. 모든 포트폴리오에는 구성의 목적이 있어야 합니다. 그 목적이 없으면 보기에는 그럴듯한데 일관성도 없고 테마도 없는 그야말로 빛 좋은 개살구가 됩니다.

주말은 일상의 쉼표와 같습니다. 재충전의 시간이기도 하지만 바쁜 걸음 멈추고 잠시 나를 되돌아보는 시간이기도 합니다. 포드 자동차 설립자인 헨리 포드도 일만 알고 휴식을 모르는 사람은 브레이크가 없는 자동차와 같이 위험하기 짝이 없다며 휴식의 중요성을 얘기했죠.

그럼 진정한 휴식을 하려면 어떻게 해야 할까요?

얼마 전 TV를 통해 제가 존경하고 또 친분 있는 박재희 교수의 강의를 보게 됐습니다. 강의 제목이 <내 인생의 절전 모드를 눌러라>였습니다. 내용을 요약하면 이렇습니다.

"발광하지 말고(디스플레이 밝기를 줄이고), GPS를 끄고(내 위치를 드러내지 말고), 와이파이를 꺼라(인간관계를 줄여라)" 이게 무슨 말일까요? 먼저 발광하지 말라는 뜻은 이렇습니다. 우리가 요즘 보는 모든 것들이 발광하는 것들입니다. 스마트폰도 TV도 발광하는 것들입니다. 수년 전 영화배우 한석규 씨가 휴대전화 광고에서 얘기했듯이 잠시 꺼두고 살라는 겁니다. GPS는 왜 끄라는 겁니까? 나 여기 있다고 그만 좀 알리라는 겁니다.

TV 방송이 나간 후 며칠 지나서 만날 기회가 있었습니다. 그때도 역시 저에게 귀감을 주는 이야기를 해주시더군요.

주중에 바쁘게 정신없이 살았으면 주말 동안이라도 조용히 침잠해보라는 겁니다. 와이파이는 왜 꺼놓으라고 했을까요? 우리나라 국민 여가시간 2위가 SNS활동입니다. 이게 무슨 의미입니까? SNS활동은 쉬는 시간이 없다는 뜻입니다. 물론 인간관계나 인맥은 중요합니다. 그러나 그런 걸 유지하기 위한 힘은 혼자만의 시간 속에서 자신을 담담히 들여다보는 시간이 있어야 가능한 겁니다.

어느 경영 컨설턴트는 저에게 가끔 창밖을 멍하니 보는 시간을 가져보라고 조언했습니다. 그야말로 Turn Off의 시간이 필요하다는 겁니다. 휴식의 시작은 끄는 것입니다. 그저 생각 없이 동네 슈퍼의 평상에 앉아 지나는 사람을 구경하는 걸로 시작해도 좋습니다. 아내의 손이나 자녀의 손을 잡고 뒷산이나 아파트 산책로를 걷는 걸로 시작해도 좋습니다. 그리고 옛 추억도 떠올려보고 어린 시절 들었던 나무나 꽃의 이름을 자녀에게 가르쳐 줘도 좋습니다.

함께 걸어도 혼자 걷듯이, 혼자 걸어도 함께 걷듯이 그렇게 우리에겐 휴식의 시간이 필요합니다. 모두가 필요해서 그들에게 돌아가기 위해선 혼자만의 시간이 절대적으로 필요합니다.

휴식에 4R이 있다는 얘기를 들은 적이 있습니다..

먼저 Retreat(물러나기)입니다. 휴식은 단절입니다. 자기 일, 일상, 생활 터전에서의 단절입니다. 본업에서 물러나서 다른 걸 해보는 겁니다. 왜 우리는 <삼시 세끼> 같은 프로를 보면서 재미있어 할까요? 한 며칠 저런데 살면서 아무 생각 없이 수수나 베고 밥이나 먹었으면 좋겠다는 생각을 다 갖고 있기 때문입니다.

빌 게이츠는 인터넷과 통신이 안되는 곳에서 싱크 위크(Think Week)를 갖습니다. 시인 황동규씨는 "휴대폰이 안 터지는 곳이라면 어디라도 살갑다"라고 했습니다. 휴식의 시작은 단절 후 물러나는 것입니다.

그 다음 Reflect(뒤돌아보기)입니다. "인간의 모든 불행은 단 한 가지, 고요한 방에 들어앉아 휴식할 줄 모른다는 데서 비롯한다"는 파스칼의 말이 있습니다. 우리는 바쁜 것을 유능함의 상징으로 아는 시대를 살고 있습니다.

그러나 왜 바쁘고, 무엇을 위해 바쁜지를 생각할 시간이 필요합니다. 바쁨에서 벗어나 내 바쁨이 어떤 의미가 있었는지 한 번쯤 돌아볼 시간이 필요합니다. 그래야 그 돌아봄을 바탕으로 미래를 향한 앞으로 보기가 가능해질 것입니다.

그 후 Refresh(원기를 회복하기)입니다. 사도 요한에 관한 일화가 있습니다. 요한이 에베소에서 지낼 때의 취미가 비둘기를 기르는 것이었습니다. 어느 날 지방 관리가 지나가다 요한이 비둘기와 노는 것을 보고 나이 먹은 사람이 시간 낭비하고 있다고 한 소리 합니다. 그러자 요한이 그의 어깨에 멘 활을 보고 활의 끈이 느슨하다고 말합니다. 그러자 관리는 사냥이 끝나면 줄을 느슨하게 해줘야 줄의 탄력을 잃지 않고 그래야 나중에 사냥을 잘 할 수 있다고 답합니다. 그러자 요한은 "나도 비둘기와 함께 내 마음의 줄을 쉬게 하는 중입니다. 그래야 진리의 화살을 정확히 날려 보낼 수 있으니까요"라고 말합니다.

365일 팽팽하게 살 수 있습니까? 느슨하게 사는 날이 있어야 다시 조일 수도 있습니다.

마지막으로 Recreate(재생산 하기)입니다. 일상은 우리의 시야를 좁게 합니다. 경주마처럼 눈 옆을 가려서 앞으로만 뛰게 합니다. 쉬어야 보이지 않던 게 보입니다. 폴라로이드 카메라는 1948년에 처음 만들어졌습니다. 1943년 에드윈 랜드가 가족과 휴가를 떠나 해변을 거닐며 사진을 찍고 있었는데 세 살 난 딸이 "아빠 왜 사진을 금방 볼 수 없는 거죠?"라며 칭얼대는데서 아이디어를 얻은 것이 탄생의 출발점이었습니다.

나를 잠시 잃어버리는 시간을 갖길 바랍니다. 그래야 진정한 나, 새로워진 나로 다시 일상으로 돌아올 수 있기 때문입니다.

> 메모로
> 나를 경영하라

숲에서 얻는 힐링과 여유

나이가 들수록 운동을 게을리할 수가 없습니다. 실시간으로 자신의 모습을 올리는 시대이기도 하지만 나이가 들어 젊은 사람들과 경험을 공유할 기회가 많아지다 보니 자연히 사람들 앞에 설 기회가 많아서이기도 합니다.

운동은 다 좋아합니다. 한라산이 뒷산인 제주도에서 나고 자라서 산을 오르는 건 언제나 좋습니다. 그 산은 높낮이와 상관없이 나름의 표정과 굴곡을 갖고 있어서 재미가 있습니다. 축구도 재미있습니다.

정확성이 생명인 IT 업계에서, 뇌에서 가장 먼 발로 하는 정확성을 추구하는 운동인 축구를 하는 건 이래저래 많은 생각을 갖게 합니다. 게다가 회사 간, 부서 간 경쟁과 친목 도모를 동시에 할 수 있는 운동으로 축구만큼 좋은 건 없는 것 같습니다. 헬스도 꾸준히 합니다.

조금만 살찌면 여기저기서 살쪘다는 소리를 들어서 식단관리도 하고 칼

로리 관리도 하면서 전문가의 조언을 들으며 체계적으로 합니다. 트레이너의 권유로 복싱도 합니다. 스트레스 날리는데 이만한 운동도 없죠. 또 나이 들수록 중요한 근육인 허리와 하체 근육 단련엔 최고입니다.

얼마 전엔 새롭게 복싱에 도전한 아빠를 위해 막내가 손목 보호대를 선물해줬습니다. 부자지간의 대화 소재로 운동만큼 좋은 건 없는 것 같습니다.

저는 운동 매니아는 아니지만 주변 사람들에게 운동을 권합니다. 체력도 체력이지만 체형도 중요하고 머리를 쓰는 만큼 몸을 써야 사람이 조화롭게 살 수 있다는 믿음 때문입니다. 요즘 현대인들은 머리를 쓰는 일을 많이 합니다. 감정 노동자라고 해서 앉아서, 또는 서서 감정으로 일하는 노동자도 많습니다. 자기감정과 상관없이 늘 웃고 좋은 모습만 보여야 하는 직업이죠. 이성과 감성을 일주일 내내 소모하며 사는 게 우리 현대인의 삶입니다. 그동안 우리 몸은 어떻게 될까요? 잠시 잊혀져 있습니다.

그런데 이렇게 우리 몸을 무시해도 되는 걸까요? 인문학자 고미숙 씨는 한 특강에서 인간의 몸은 나라는 존재와 우주의 교차점이며 생명의 토대이자 현장인, 아주 소중한 것이라고 했습니다. 서양철학이 하도 이성을 강조해서 우리가 깜빡한 사실인데 이성도 감성도 우리 몸이 없으면 그것이 담길 그릇을 찾을 수가 없다는 겁니다.

요즘엔 몸도 스펙화되는 모양입니다. 더 날씬하고, 몸짱이 되어야 연애도 취업도 잘 되는 시대인가 봅니다. 그래서 요즘엔 헬스 푸어라는 말도 생겨났습니다. 작은 원룸에서 부모님 돈 받아가면서 살아가는 취업 준비생이 외모와 몸매 관리 때문에 비싼 헬스클럽에 등록해서 비싼 PT, 즉 개인

트레이닝 받아야만 하는 데서 오는 경제적 어려움을 표현한 말입니다. 운동이 그야말로 토익 시험, 고시 공부처럼 되어버린 겁니다.

정말 운동이 그렇게 어렵고 힘든 걸까요? 누군가의 도움을 받아야만, 전문가의 지도를 받아야만 잘 할 수 있는 걸까요? 꼭 그렇지는 않습니다. 일전에 한 스포츠 전문가가 이런 얘기를 한 적이 있습니다. 동네 공원이나 작은 야산에 한 두 곳은 있는 국민체육공원은 중장년층이 대부분 사용한다는 겁니다. 국가가 공들여 만들어 놓은 트랙이며 각종 운동시설을 젊은 사람들은 사용을 잘 하지 않는 겁니다. 시간이 없어서 그런 경우도 있겠지만 그런데서 운동하면 왠지 모양이 빠진다고 생각해서일 거라고 아쉬워했습니다.

"새는 날고, 물고기는 헤엄치고, 사람은 달린다"고 체코의 달리기 선수였던 에밀 자토펙은 말했습니다. 무엇이 되기 위해서 어떤 것을 이루기 위해서 운동할 필요는 없습니다.

운동은 공부만큼 자신에 대한 예의입니다. 오늘부터라도 가까운 공원에 가서 한두 바퀴 가볍게 뛰고 오시죠. 그럼 새로워진 몸 안에서 기분 전환한 감성과 이성이 다른 아이디어를 줄 것입니다. 몸을 바꾸는 것이 어쩌면 창의의 시작일지도 모릅니다.

메모로
나를 경영하라

시그니처 스타일

몇 년 전 대학원 송년 모임 때 일입니다. 그날도 변함없이 양복에 넥타이를 매고 나갔습니다. 송년 모임이고 오랜만에 보는 동기생들인데 너무 편하게 나가는 건 좀 그렇다 싶어서 말입니다. 그런데 이게 웬일입니까?! 동기생들이 다들 똑같은 넥타이를 매고 있는 겁니다. 바로 나비넥타이를 말이죠.

순간 '아차' 했습니다. 요전에 우리가 대부분 잔나비 띠니까 이번 송년 모임엔 다들 나비넥타이를 하고 오자고 한 게 바로 저였거든요. 그날 정말 원 없이 욕먹고 혼났습니다. 이런 일을 집에 와서 얘기했더니 며칠 후에 딸이 나비넥타이를 하나 사주더군요. 이젠 이런 게 어울릴 나이가 됐다면서요.

한국엔 나비넥타이를 하는 사람이 거의 없습니다. 김동길 교수님과 아폴로 박사로 불리신 조경철 박사나 시상식 참석한 연예인들 외에 일반인은 찾아보기 힘들죠. 서양사람 중에 나비넥타이하면 찰리 채플린을 **빼놓**

을 수가 없죠. 2차 세계대전을 승리로 이끈 영국의 처칠 수상도 나비넥타이와 시거로 유명합니다.

이렇게 누구하면 그 사람만의 스타일이 딱 떠오르는 걸 시그니처 스타일이라고 합니다. 예를 들면 조영남 씨의 야상점퍼나 CNN의 유명한 앵커였던 래리 킹의 멜빵과 뿔테안경 같은 것을 말합니다. 래리 킹은 멜빵하고는 떼려야 뗄 수가 없어서 2010년에 은퇴 의사를 밝힐 때 자신의 트위터에 "이제는 밤마다 메던 멜빵끈을 풀 때가 됐다"고 말했을 정도입니다.

[나비 넥타이를 맨 모습]

저도 나이를 먹다보니 나만의 스타일에 대해서 생각하게 됩니다. 그래서 가르마도 바꿔보고 넥타이도 바꿔봅니다. 그러면서 생각합니다. '나를 어떤 스타일의 남자로 기억해줄까?' 하고 말이죠.

저를 떠올릴 때 제 가족들은 아마 커다란 서류가방을 떠올릴 겁니다. 제가 집에서 미처 다 스크랩하지 못한 신문과 잡지, 여러 가지 IT 기기들과 서류까지 담아가는 불룩한 서류가방입니다. 웬만한 고3도 저만큼 두툼한 가방은 안 갖고 다닐 겁니다. 이런 서류가방을 빼면 뭐가 있을까요?

일에 치이고 현실에 치이고 유행이라는 세상 흐름에 치이다보면 가끔 내가 어떤 느낌의 사람인지 잊고 살 때가 있습니다. 하루하루 그저 내가 타인에게 오늘 어떻게 보일지에만 신경을 썼지 올 한해 지난 후, 더 길게는 십 년이 지난 후 내가 저 사람에게 어떤 사람으로 기억될까에 대해선 신경 쓰지 않습니다.

한 사람에 대한 기억은 복합적입니다. 목소리, 냄새, 옷 스타일, 일하는 방법, 말투 등이 다 포함됩니다. 옷 하나 잘 입는다고 신사로 기억되지 않고, 세련된 말투를 지녔다고 지적으로 여겨지지도 않습니다.

시그니처는 그야말로 서명입니다. 당신을 압축할만한 당신의 대명사를 가져야 합니다. '아, 그 사람은 이런 사람이야'라고 누군가 당신에 대해 얘기하고 타인에게 소개할 때 당신은 이미 당신의 명함을 보이기도 전에 당신을 소개한 것입니다.

자, 지금 이 글을 읽고 있는 당신을 난 어떤 사람이라고 소개해야 할까요? 오늘밤 평생 갈 당신의 시그니처 스타일은 무엇이고 어떻게 만들어야 할지 고민해볼 필요가 있습니다.

메모로
나를 경영하라

연리지

아침 키스가 연봉을 높인다는 말이 있습니다. 실제로 아침에 출근할 때마다 키스를 받는 남자 직장인이 그렇지 않은 사람보다 연봉이 20%나 높다는 통계가 있다고 합니다. 그런데 키스는커녕 각방 쓰는 부부도 많은 요즘입니다. 심지어 부부 관계를 거의 안하는 부부도 40%정도 된다고 합니다.

심지어 부부 되기를 포기하는 사람들도 많은 요즘입니다. 흔히 3포 세대라고 합니다. 연애, 결혼, 출산을 포기하고 사는 젊은 사람들을 말합니다. 연애를 포기하는 대신 요즘 젊은이들은 '썸'이란 걸 탄다고 하더군요.

연애라는 리스크 많은 인간관계 대신 책임감은 전혀 갖지 않으면서 이성을 여러 명 만나거나 관계를 유지할 수 있는 일종의 새로운 이성 관계의 방법론을 만든 겁니다. 뭘 모르는 기성세대들은 젊은 애들이 철이 없다고 타박할지 모르지만 그들의 속내를 들여다보면 연애부터가 난관일 정도로 힘든 시대를 살고 있습니다. 연애를 해도 결혼은 또 안합니다. 이 역시 다른 차원의 책임감이 있기 때문이겠죠. 그러니 결혼을 하더라도 출산을 안 하거나 미루는 건 당연하겠죠.

전 「아침 키스가 연봉을 높인다」를 쓴 부부 저자의 특강을 들은 적이 있습니다. 부부간의 애정표현에 대해 두 저자가 번갈아 가면서 만담식으로 이야기를 하는 게 신선하면서도 공감이 갔습니다.

강의 내용은 간단합니다. 기회만 되면 키스를 하라는 겁니다. 그러나 나이가 들면서 이런 애정표현이 쉬운 게 아닙니다. 곁에만 있어도 화가 나고 짜증나는 권태기만 안 와도 다행이라고 생각하는 사람들도 있습니다. 각방을 써도 좋으니 바람만 안 폈으면 좋겠다는 부부도 있을 겁니다. 하지만 부부는 결국 최후의 보루 같은 개념입니다.

자연인 오경수의 마지막 보루도 아내입니다. 그 사람이 늘 곁에 있었기에 긴 세월을 일에 전념하며 여기까지 올 수 있었습니다. 주말에 신문 스크랩으로 오전 시간을 바치면서 거실에서, 안방에서 꼼지락거리고 있을 때 아내는 타박 한번 안 하고 곁에서 맴돕니다. 고구마며 굴이며 이런저런 계절에 맞는 간식을 말없이 갖다 주며 응원합니다.

아내는 좋은 친구이기도 합니다. 주말에 산이라도 같이 가거나 산책을 하면 서너 시간이 금방입니다. 아이들 얘기, 문화 얘기, 주변의 새로 생긴 맛집 얘기가 끊이질 않습니다. 그러다 떡볶이 맛있는 집이 보이면 그냥 둘이 서서 먹습니다. 전 동네 아저씨 같은 옷차림이라 가끔 아내가 저보고 아저씨 같다, 배낭 여행객 같다고 놀립니다. 심지어 노숙자 같다고도 합니다.

저는 새로운 축배사를 직접 고안할 때가 많이 있습니다. "위하여"는 식상하니까 말입니다. 또는 장소나 상황에 맞는 유머를 외우거나 고안할 때가 많습니다. 이때 첫 번째 심사자도 아내입니다. 아내가 웃어주고 괜찮다고 하면 괜히 마음이 든든해집니다. 아내는 제가 집에서 가끔 저녁을 먹을 때 이런 말을 하곤 합니다.

"당신은 한 달에 평일 중 평균 두 번 집에서 밥을 먹는데 다음번은 언제일지 기다려져요"라고 말입니다. 그러면 조금 일찍 귀가하고 싶은 마음이 절로 생깁니다.

저희 집에는 서재가 따로 없습니다. 안방에 있는 폭1m, 세로 50cm정도의 책상이 제 서재의 전부입니다. 거기에 랩탑 컴퓨터 놓고 메모지 한 권 놓으면 꽉 찹니다. 이 책상에 하루에 두 번, 아침에 한 번, 자기 전에 한 번 앉습니다. 그런데 제가 따로 서재를 안 만드는 이유는 여러 가지가 있지만 아내가 언젠가 이런 말을 했기 때문입니다.

"별도의 서재로 들어가 버리는 남편보다 안방 책상 위에 앉은 남편이 아주 가까이에 있어서 좋네요"

인생은 다섯 개의 공으로 하는 저글링 같은 것이라는 말을 들은 적이 있습니다. 이 다섯 개의 공은 가족, 건강, 친구, 영혼, 일인데 그 중 일이라는 공만 고무로 되어 있어 떨어뜨려도 곧 튀어 오르지만 나머지 공은 유리로 되어 있어 떨어뜨리면 긁히고 깨지고, 흩어져서 다시는 원래대로 될 수 없다고 합니다.

저는 이 말에 많은 공감을 했습니다. 특히 가족, 그 중에서 부부 관계는 소중히 다뤄야 합니다. 우리나라에선 5월 21일을 부부의 날로 정해서 기념하고 있습니다. 이날엔 이러저러한 이벤트를 해보라고 권해주기도 합니다. 몇 년전 결혼 30주년이 되던 해는 매달 1박 2일로 국내여행을 한 적도 있답니다. 제가 그동안 했던 이벤트 중에서 가장 기억에 남는 것은 '미고사축' 러브레터입니다.

'미안해요, 고마워요, 사랑해요, 축복해요'라는 내용이 담긴 편지를 쓴 것인데요. 함께 고생하고 긴 세월 가정을 지켜온 사람에 꼭 해줘야 할 말이라고 생각합니다. 그런데 요즘 부부들은 안 좋은 말을 더 많이 할지도 모릅니다. 심지어 경제 사정이 나빠지거나 불륜 등의 이유로 이혼도 많이 합니다.

부부 싸움의 과정은 비난, 방어, 경멸, 담 쌓기 순으로 진행된다고 합니다. 반대로 생각해보면 부부 간의 관계 회복은 칭찬, 수용, 애정, 마음 열기 순으로 진행될지도 모릅니다.

요즘 골드 미스니 미스터니 하는 말이 유행합니다. 마흔이 넘어서도 결혼을 안 한 채 성공한 커리어를 자랑하며 사는 싱글들을 지칭하는 말입니다. 시장에는 이런 1인 가구를 위한 맞춤형 제품들도 많이 나왔습니다. 그러나 아무리 골드의 인생을 살고 있다고 해도 그 골드의 열매를 나눌 사람이 없다면 그 골드는 의미가 없을 겁니다.

미국엔 트로피 와이프(Trophy Wife)라는 말이 있습니다. 성공한 중년 남자가 이혼을 하고 20대의 젊고 아름다운 여인과 재혼하는 것을 말합니다. 마치 그게 인생 성공의 징표인양 어디를 가든 데리고 다니는 것이죠. 하지만 성공의 진짜 트로피는 우리 가정의 행복일 것입니다.

그래서 많은 언어에서 가정이라는 단어에 소중한 뜻을 담고 있습니다. 영어의 홈(Home)은 고대 영어 함(Ham)에서 유래했는데 '사랑으로 거주하는 곳'이라는 뜻이 있다고 합니다. 히브리어의 가정을 뜻하는 미스파하

(Mispaha)는 '믿음의 가정'이라는 뜻입니다. 이건 신을 향한 믿음도 있지만 가족 간의 믿음이 중요하다는 의미도 담겨 있습니다.

희랍어 오이코노미아(Oikonomia)는 가정과 규범이 합쳐진 것으로 가정은 규범이 필요함을 말하고 있습니다. 라틴어의 가족을 뜻하는 파밀리아(Familia)는 '봉사하는 자'라는 말에 뿌리를 두고 있습니다. 가족은 서로 봉사하는 마음이 있어야 한다는 것입니다.

이 단어들은 좋은 가정의 조건을 말해주고 있습니다. 사랑과 믿음, 그리고 규범 아래 서로에게 봉사하는 사람들. 특히 부부는 사랑, 믿음, 약속을 지키며 평생 서로에게 자신의 어깨를 빌려주는 사람일 것입니다. 연애도 미루고, 결혼도 미루고, 출산도 미루는 각박한 시대를 살고 있습니다. 부부가 각방을 쓰고 이혼율도 계속 높아지는 시대를 살고 있습니다. 세상에 아무리 성공을 보여줘도 가정이 실패했으면 실패한 것입니다.

[각기 따로 태어나 한 나무처럼 연결된 연리지]

옆에 있는 그 사람에

Chapter Ⅳ 메모 Life 249

게 오늘 고맙다고, 아프지 않고 건강하게 잘 살아줘서, 버텨줘서 고맙다고 인사를 해도 좋을 것 같습니다. 저는 요즘 회자되는 <아내에 대한 10대 명언>을 메모해 놓고 실천하려 노력 중입니다. 다음은 그 명언 중에 제가 늘 숙지하고 있는 항목입니다.

1. 인명재처(人命在妻)
   - 남자의 운명은 아내에게 달렸다.
2. 진인사대처명(盡人事待妻命)
   - 최선을 다한 후 아내의 처분을 기다리라.
3. 수신제가(手身제가)
   - 손과 몸을 쓰는 일은 제가 하겠음.
4. 처화만사성(妻和萬事成)
   - 아내와 화목하면 모든 일이 이루어진다.
5. 지성(至誠)이면 감처(感妻)
   - 정성을 다하면 처가 감동한다.
6. 지어미 살아계실 제 섬기기를 다하여라.
   - 아내가 세상을 떠난 후에 애닯다 어이하리. 아내가 살아있을 때 잘해야지.

저는 오늘도 아내와 함께 볼 뮤지컬이나 영화 예매를 위해 스마트폰으로 검색을 하고 있습니다. 아내와의 오붓한 데이트를 꿈꾸며….

메모로
나를 경영하라

영화를 통한 휴먼네트워크

2000년에 개봉된 영화 <What women want?>를 아내와 함께 관람하고 나서 깨달은 바가 있었습니다. 그건 바로 고객(Customer)의 감춰진 욕망, 충족되지 않은 필요를 찾아내어 메워주는 것이 매우 중요하다는 사실이었죠. 요즘은 빅데이터를 통해 수많은 데이터에서 감춰진 실마리를 발견하고 중요하지만 놓치기 쉬운 디테일을 찾아내는 것이 보다 용이해졌습니다. 그러나 지금으로부터 15년 전인 그 당시에는 영화 속 남자처럼 초능력의 소유자가 아닌 다음에는 여성의 심리를 알아내는 것이 쉬운 일은 아니었죠.

아내는 영화 보기를 무척 좋아하지만 그렇다고 혼자 보러 가지는 않는 것 같았습니다. 사실 혼자 영화관을 찾는다는 건 용기도 필요하고 선뜻 걸음이 내키지 않는 일이죠.

어떤 영화들이 요즘 히트치고 있다는 이야기를 동네 아주머니들로부터

들은 아내는 가끔 저에게 영화 이야기를 하곤 했지만 회사 일로 바쁜 나머지 흘려듣거나 주말이 돌아와도 밀린 잠을 자느라 영화 보러 갈 생각을 전혀 하지 못했습니다. 아마도 아내는 남편인 제가 같이 가주길 바라는 마음에 그 얘기를 꺼냈겠지만 제가 아내의 이런 마음을 알아차리지 못했던 거죠.

그러다 그때 그 영화를 아내와 오랜만에 보고 나서는 제 마음이 바뀌었습니다. 그래서 결심한 것이 주말마다 아내와 영화 보기였습니다. 어느덧 주말 영화 보기를 한 지가 올해로 15년이 되었습니다.

이는 단순히 영화를 보는 것뿐 아니라 남편으로서 아내에게 저의 시간을 할애해 부부가 함께 있는 시간을 마련하고 영화를 통한 공감대 형성과 또 못다 한 대화를 나누는 시간이기도 합니다.

더욱이 요즘 영화관은 복합단지에 위치해 있어서 커피숍, 패스트푸드점, 서점, 쇼핑센터 등이 함께 있는데 아마도 아내는 영화 보러 가는 길에 이런 주변시설을 남편인 저와 이용하면서 남편과 같이 지내기를 오랫동안 바라왔던 것 같습니다. 어쩌다 팔짱을 끼고 걸어갈 때면 남들에게 '이런 우리 부부 모습 좀 보아라' 하는 듯 아내 얼굴에 웃음꽃이 만발해지곤 합니다.

함께 볼 영화를 찾는 역할은 제 담당인데 매일 신문을 보며 개봉될 영화와 영화관련 리뷰 기사들을 스크랩해서 분석해 둡니다. 주인공의 인터뷰와 영화 비평가의 해설도 놓치지 않는 게 포인트죠. 자칫 한 면만 보면 과장 광고에 현혹되어 잘못 선택할 수 있어서 티켓링크 등의 예매현황과 박스오피스의 인기도도 감안합니다. 그리고 보통 영화 개봉일인 목요일에 관객들의 반응에 따라 주말 스크린 수를 조정한다는 사실도 체크 대상에 포함시킵니다. 이렇게 정리한 스크랩 파일을 틈나는 대로 아내와 함께 들여다보면서 볼만한 영화를 고르는 방식입니다. 수년간 이렇게 했기에 요즘은 거의 의견 일치가 되고 있어 어떤 영화를 볼지 고민하는 시간도 많이 줄어들었죠. 영화를 고르면 아내가 스마트폰으로 예매를 하는데 남보다 일찍 예매하기 때문에 주말임에도 비교적 좋은 좌석에 앉아 관람하는 특혜(?)를 누리기도 합니다.

최근 10년간 흥행에 성공한 영화는 거의 모두 개봉한 첫 주말에 보았는데 우리가 먼저 봤다는 약간의 우월감이 생기기도 합니다. 어떤 주말엔 흥행이 예감되는 영화가 많아서 세 편의 영화를 계속해서 본 적도 있습니다.

영화를 본 후에는 지인들에게 페이스북이나 밴드를 통해 영화를 소개하는 것도 잊지 않습니다. 매우 감동적인 영화를 봤을 때도 감상문을 역시 페이스북이나 밴드에 올려 공유하는데, 이 덕분에 영화를 관람해 즐거웠다고, 고맙다고 댓글을 다는 지인들이 많죠. 저는 영화를 보러갈 때면 개봉할 영화를 선전하는 포스터나 팸플릿을 꼭 가져와서 스마트폰으로 찍어 SNS에 '강추!'라는 글과 함께 올립니다. 예고편까지 덤으로 알려주는 거죠.

영화를 거의 매주 보다 보면 부수적으로 얻는 것이 또 하나 있는데 바로 명대사입니다. 최종병기 활에서 '바람은 계산하는 것이 아니라 극복하는 것이다', 관상에서는 송강호의 '파도를 일으키는 것은 파도 뒤의 바람' 역린에서는 중용 23장의 '지성능화'(至誠能化 : 정성이 디테일하고 지극하면 모든 것을 이룰 수 있다), 감시자에서는 설경구의 '지치면 지고 미치면 이긴다' 등등.

이 대사를 어떻게 전부 기억하냐구요? 사실 영화 속 대사는 아무리 마음에 와 닿는 것이라도 영화관을 나오면 이내 잊혀지고 맙니다. 하지만 컴컴한 극장에서도 멈추지 않는 저의 메모 본능 덕분에 저는 수많은 명대사를 기억합니다.

어두운 영화관에서도 저는 늘 주머니에 갖고 다니는 수첩과 볼펜으로 명대사가 나올 때마다 잽싸게 노란 포스트잇에 끄적거려 놓습니다. 물론 불 끈 방에서 한석봉에게 글을 쓰라 하고 자신은 떡을 썬 한석봉 어머니와는 비교가 안 되지만 제법 습관이 되었기에 괴발새발되지는 않는 수준에 이르렀죠. 집에 와서는 인터넷 검색으로 정확한 대사를 찾아내어 틀린 글자는 바로 잡아 에버노트 영화 보기 란에 기록해 놓습니다.

기록만 해 놓는 것으로 끝나지 않고 시간 날 때마다 제 것으로 만듭니다. 자꾸 들여다보면 저절로 외워지는데 자신있게 외운 다음 스피치 할 기회가 있을 때 이를 활용합니다.

예를 들어 일이 잘 풀릴 때면 관상의 명대사를 인용합니다. 피상적인 숫자만 보지 말고 Read between the line(그 원인이 무엇인지 분석, 파악하라)하라는 뜻으로 파고 뒤 바람을 살펴보라고 하고 일이 잘 안 풀릴 때면 지성능화를 강조하는 식이죠.

회사 내부에서뿐만 아니라 외부행사 때 아이스 브레이크 차원에서도 영화의 명대사를 인용하곤 했는데 반응이 좋았던 걸로 기억됩니다.

한편 이러한 영화 보기 습관을 더 발전시켜 최근에는 휴먼네트워크에도 활용하고 있습니다. CCC(이업종모임 : Cross Culture Community) 는 부부동반으로 영화를 보고 나서 간단하게 생맥주 한잔 하는 모임인데 저의 지인들은 아내에게 점수따기 좋아서 이 모임이 기다려진다고까지 합니다. 아내들은 아내들대로 남편과 같이 영화를 본다고 하니 설레어 하며 이 날을 기다린다고 합니다.

　16쌍 부부 32명이 영화를 볼 수 있는 아담한 영화관이 있어서 그 곳을 자주 이용하는데, 영화 시작 30분 전에 모여 인사를 나누는 시간을 갖고, 영화를 봅니다. 그런 다음 생맥주를 마시며 직장과 사업 등을 소개하다 보면 자연스럽게 비즈니스로 연결되는 사람들도 있고, 의사와 변호사 등 전문가들도 있어서 생활의 지혜로까지 확장되기도 합니다. 종사하는 업종이 서로 다른 사람들끼리 모여 정보교환 하면서 주말에 가볍게 영화도 보니 일거양득이죠. 정보의 이종교배의 실전 현장이라 할 수 있습니다.

　정보와 인맥은 따로 있고 멀리 있는 것이 아닙니다. 경계가 무너지는 초연결사회로 접어드는 요즘, 정보를 잘 활용하면 휴먼네트워크도 자연스럽게 구축될 수 있다는 사실을 기억해야 할 것입니다.

메모로
나를 경영하라

우리 가족의 특별한 '정 나눔' 이벤트

우리 가족은 모두 다섯인데 각자의 자리에서 모두 바쁘지만 항상 시간을 내어 함께 치러야 하는 이벤트가 있습니다. 바로 생일과 크리스마스입니다.

매년 크리스마스에는 모두 모여 점심 식사를 하면서 준비해온 선물과 카드를 서로 교환합니다. 아이들이 어려서부터 시작했는데 어느덧 20여 년이나 이어온 우리 가족의 오래된 전통이 되었죠.

이 날은 다른 약속이나 시험공부 등의 어떤 중요한 일보다 우선합니다. 지금은 식구 중 한 사람이 공부하러 해외에 가 있어 함께 자리를 하지는 못하지만 카드와 선물은 어김없이 보내옵니다. 물론 서울 식구들의 선물도 일주일 전에 보낸답니다.

이 특별한 빅 이벤트에 반드시 지참해야 하는 것이 있는데 바로 손 글씨가 담긴 카드입니다. 메모와 기록을 중시하는 가풍이 이어져서 그런지 우리 가족은 저 뿐만이 아니라 아이들도 모두 적는 것에 익숙합니다.

아이들은 어려서부터 일기쓰기는 물론이고 매일매일 돈의 사용처를 용돈 일기장에 적어왔습니다. 매월 말이면 저는 아이들의 용돈 일기장을 검사하고 용돈을 주면서 기록 훈련을 시켰던 거죠. 그리고 책을 읽으면 보너스 용돈을 추가로 주었는데 그 달에 읽은 책을 용돈 일기장 여백에 적으면 한 권당 2백 원씩 주었던 걸로 기억합니다. 그래서인지는 몰라도 성인이 된 지금까지 아이들의 메모하는 습관은 계속되고 있습니다.

예전 저의 학창시절에도 아버지께서는 선생님 못지않게 저에게 일기쓰기를 강요했습니다. 당신이 영농일기를 쓰셨듯 자식들에게도 일상을 기록하며 반성도 하고 계획도 세우게 하려는 뜻이라는 걸 훗날 알게 되었습니다.

아버지께 이어받아 저만의 경쟁력으로 자리잡은 메모 습관을 저 역시 아이들에게 심어주려고 했습니다. 손카드 주고받기는 그 일환으로 시작한 것입니다.

그날 선물은 모두가 자신의 것을 뺀 네 개씩 준비합니다. 모아놓으면 20개의 선물이 거실에 그득합니다.

가족 중 누가 생일을 맞이하면 그날도 어김없이 손카드를 써서 건넵니다.

'님아, 그 강을 건너지마오', '국제시장' 등의 영화가 우리들 가슴을 적시는 이유 중 하나는 '가족'이라는 키워드에 있지 않을까 생각합니다. IoT, 초연결사회로 접어들고 서로에게 관심이 필요한 지금, 사회의 기초단위인 '가족'을 다시 한번 생각해봐야 한다는 것이 핵심 화두임이 분명합니다.

'수신제가(修身齊家) 치국평천하(治國平天下)'

무엇보다 먼저 자신을 가다듬은 후 가정을 돌보고 그 후에 나라를 다스리고 이후에 천하를 경영해야 한다는 말을 다시 한번 되새겨봅니다. 자신을 가다듬고 가정을 돌봄은 군자가 갖추어야 할 가장 기본적인 덕목이며 가정의 행복이 곧 나라와 사회 번영의 기틀임을 잊지 말자 다짐도 해봅니다.

올해도 선물을 받아 든 가족의 기뻐하는 모습을 떠올리며 즐겁게 선물을 준비하고 평소에 나누고 전하지 못한 애정과 사랑을 담은 글을 한 글자 한 글자 정성들여 카드에 적습니다. "올 한해 열심히 살아준 가족에 감사하고 또 새로운 한 해 건강하고 바르게 삽시다…"등등.

새벽부터 아내가 식구별로 거실에 늘어놓은 선물과 아내와 아이들이 제게 건넨 카드 속 글을 읽으며 다시금 우리 가족의 사랑과 정성에 마음이 흐뭇해집니다.

간편하고 빠른 이메일이나 문자메시지보다 사람의 향기와 정이 듬뿍 담긴 손카드로 마음을 전해보시는 것도 디지털시대에 정감있는 소통 방법 아닐까요?

[크리스마스에 준비한 가족들의 선물과 손카드]

돈키호테를
다시 생각하다

"이룰 수 없는 꿈을 꾸고
이루어질 수 없는 사랑을 하고
이길 수 없는 적과 싸우며
견딜 수 없는 고통을 견디며
잡을 수 없는 저 하늘의 별을 잡자"

세르반테스의 「돈키호테」에 나오는 이 소설의 주제라 할 수 있는 문장입니다. 이 소설은 성서 다음으로 가장 많이 읽힌 책이라는 말도 있을 만큼 전 세계적으로 유명하고 그 주인공 돈키호테 역시 실존 위인 못지않게 사람들 입에 회자되고 있습니다.

사실 돈키호테는 저자인 미겔 데 세르반테스와 닮아 있습니다. 세르반테스의 인생은 그야말로 역마살의 전형입니다. 떠돌이 무면허 의사인 아버지를 따라 예닐곱 살 때부터 무려 십 년 간을 동가식서가숙을 했으며 한때는 카라반의 일원이 되어 떠돌면서 수학, 라틴어, 점성술을 배웠습니다.

열아홉 살이 돼서야 마드리드에 정착하는데 그때부터 시와 희곡을 쓰기 시작합니다. 그러다 교황청 성직자의 비서가 되어 로마로 가면서 인생이 좀 풀리나 싶었는데 그 유명한 레판토 해전에 휘말립니다. 그의 나이 스물 네 살입니다. 이 전투에서 그는 왼팔을 잃었습니다. 집으로 돌아오던 길에는 노예상인들에게 잡혔다 풀렸다를 반복하는 고초를 겪습니다.

그가 다시 마드리드로 돌아온 건 서른 세 살이었습니다. 이때부터 희곡과 소설을 쓰면서 안정된 시간을 보냅니다. 그러다 영국과 스페인의 종교 전쟁이 터지는데 이때 벌어진 칼레 해전에 휘말려서 다시 세비야로 이사를 갑니다. 거기서 갑자기 세무관이 되어 집집마다 돌며 세금 걷는 일을 하는데 이것도 잠시, 은행업자의 배신으로 감옥에 갇히게 됩니다. 돈키호테는 바로 이때, 감옥에서 쓰여지기 시작해서 출소 후인 1605년에 완성됩니다. 그의 나이 58세였습니다. 2부는 무려 십 년 후인 1615년에 완성되죠.

지금이야 나이 쉰이면 젊은 축에 들지만 그때 당시에는 노인이었습니다. 게다가 두 번의 해전에 참전해서 팔까지 없었습니다. 정착하지 못한 채 수없이 떠돌았지만 그럼에도 그는 문학의 끈을 놓지 않았습니다.

돈키호테의 나이는 세르반테스가 돈키호테를 쓴 나이와 비슷합니다. 50대에 갑자기 기사에 미쳐서 현실 감각을 상실한 한 남자의 이야기를 그는 왜 썼을까요? 그가 이 이야기를 통해서 하고 싶은 말은 뭘까요?

민용태 교수는 한 인터뷰에서 이런 말을 했습니다. '돈키호테 같은 사람은 한국 사회에 꼭 필요한 인물이다. 돈키호테가 단순히 꿈과 열정이 가득

한 사람이어서가 아니라 위선이 없어서이기 때문이다. 돈키호테는 행동하는 지성으로 볼 수 있다'고도 했습니다. 돈키호테는 사실 미친 사람이 아닙니다. 책 속에서는 그가 현실을 똑바로 인식하고 있음을 알 수 있는 장면도 있습니다. 그러나 그는 여전히 방랑 기사로 살아가기로 하고, 살았고, 죽었습니다.

우리는 쉽게 열정을 말합니다. 한때 몰입이라는 단어도 유행이었습니다. 꿈을 현실로 만들라는 말도 많이 합니다. 그러나 이를 실현하기란 쉬운 일이 아닙니다. 왜냐하면 우리는 꿈을 너무 멀게만 생각하기 때문입니다. 그리고 다른 것들을 꿈이라고 생각하고 좇기 때문입니다. 직장, 직위, 돈, 명예, 권력 등을 말입니다.

진짜 꿈은 가장 나답게 살면서 자신의 일에 그야말로 몰입하는 것입니다. 세상의 다른 사람들이 자신의 일이나 길에 대해 뭐라고 하든 우직하게 자신의 길을 고집하는 것, 그것이 바로 진정한 의미의 열정 아닐까요?

가끔 <극한직업>이라는 다큐를 볼 때가 있습니다. 그야말로 힘들고 어려운 직업의 현장을 보여주는 다큐인데 여기에 나오는 분들이 종종 하는 말이 있습니다.

"이 일 하는 것 우리가 마지막이야"

"젊은 사람들은 힘들어서 이 일 안 해"

이분들이 하시는 일이란 청동 종을 만들거나 도자기를 굽거나 유리 공예를 하거나 대리석 광산에서 1톤이 넘는 대리석을 떼거나 하는 일입니다. 이분들도 힘들 줄 알면서도 몇 십 년씩 이 일을 해왔습니다. 그리고 내가 아니면 할 사람이 없다는 생각으로 해왔습니다. 그리고 그 일은 결코 없어져도 될 일이 아니라는 겁니다.

세상은 고집스러운 돈키호테들이 있어서 유지되고 살아남는 것들이 있습니다.

우리나라의 유일한 LP공장 사장인 이길용 씨도 그 중 한 분입니다. 2005년도에 서라벌 레코드사가 LP판 제작을 중지한 이후 우리나라엔 LP공장이 없었습니다. 그런데 2011년 가을, 마흔을 바라보는 한 남자가 불쑥 김포에 공장을 차렸습니다. 2012년까지 적자를 겨우 면하면서 버텼습니다. 2012년 연간 매출이 4천만 원이 좀 넘었는데 직원 다섯 명의 인건비도 안 나오는 매출이었습니다.

그런데 2013년에 대박이 났습니다. 바로 가요계의 신구 전설인 두 뮤지션이 새 앨범을 LP로도 제작했기 때문입니다. 한 명은 조용필, 다른 한 사람은 바로 G드래곤입니다. 이 회사의 2014년 예상 매출액은 20억 정도였다고 합니다.

서울 소공동의 롯데호텔 도어맨 김홍길 씨는 VIP의 차량번호 1,000개를 외웁니다. 그는 고객의 신상정보를 파악하고 외우기 위해 신문에서 인사와 부고 기사까지 챙겨봅니다. 그는 최상의 서비스를 위해 차량번호와 신상의 변화를 외우는 건 기본이라고 생각합니다. 심지어 출입하는 3백여 대의 택시의 번호판도 외우고 있습니다.

화려한 호텔업에서 도어맨은 작은 일로 보일 수 있습니다. 그러나 호텔에서 가장 처음 만나는 사람이 자신이라는 자부심 하나로 우직하고 성실하게 일해온 것입니다.

대항해 시대가 막 시작되던 시기의 유럽의 급변을 몸소 겪은 세르반테스가 돈키호테를 통해 우리에게 하려고 한 말은 무엇이었을까요? 어쩌면 세상의 파도는 위협일 수도, 기회일 수도 있다는 말을 하려는 게 아니었을까요? 서퍼처럼 그 파도를 반겨 달려들 건지, 아니면 그 출렁임에 몸을 피할 건지. 그건 우리의 선택에 달려 있습니다.

예전에 돈키호테 뮤지컬을 보고 나서 적은 메모에는 이런 대사가 적혀 있습니다.

"누가 미친 거요? 장차 이룩할 수 있는 세상을 상상하는 내가 미친 거요? 아니면 세상을 있는 그대로만 보는 사람이 미친 거요?"

[로시란테를 탄 돈키호테와 산초와 당나귀 조각상]

벌거벗은 후의 힘
(Naked Strength)

고향집 앞마당에는 수령이 200년도 더 된 느티나무가 있습니다. 제주도 말로는 굴무기나무라고 하죠. 지름이 3m 높이가 25m 쯤 되는데 여름이면 연초록빛 나뭇잎으로 사람들에게 시원한 그늘을 제공해주고 새들에게도 아낌없이 놀이공간을 내어줍니다.

그러다 겨울이 되면 모든 나뭇잎을 떨구고 뼈만 남은 앙상한 모습이 되어 침묵 속에 잠깁니다. 사색에라도 잠긴 듯, 깊은 잠에 빠져 두세 달을 견딥니다. 그리고 봄이 되면 다시 푸른 생명력으로 잎을 틔우며 건재함을 알리죠.

어느 해 겨울, 고향집에 내려가서 연휴를 보낸 적이 있습니다. 예전에는 그냥 스쳐 지났던 집 앞의 앙상한 느티나무를 아침부터 저녁까지 며칠 동안 바라보면서 이런 생각을 한 적이 있습니다.

'나는 과연 저 나무처럼 아무것도 걸치지 않은 상태에서의 벌거벗은 힘

[Naked Strength 를 보여주는 고향집 앞 느티나무]

을 지녔는가?'

저렇듯 발가벗었지만 봄이 되면 가지에 물이 돌게 하고 새 잎을 틔우는 느티나무처럼 푸른 생명력을 가졌는지 내 스스로에게 물었습니다.

우리는 명함 안에 갇힌 삶을 삽니다. 학력, 직위 등의 이력으로 자신을 말하는데 익숙합니다. 진짜 벌거벗은 모습의 나는 과연 누구일까?

종교나 철학의 근본적 질문은 어찌 보면 "나는 누구인가?"일지도 모릅니다. 그래서 스님들이 제일 먼저 하는 것이 속세의 옷을 벗고 머리를 깎아 허울을 없애고 다 똑같은 모습이 되어 그 속에서 참 나를 찾는 것일 겁니다. 신부님들도, 수녀님들도 같은 맥락에서 동일한 모습으로 구도의 길을 걷는 것이죠.

회사의 직함, 좋은 자동차, 평수 넓은 아파트, 자랑할만한 학력을 벗고 나면 당신에겐 무엇이 남습니까?

윤석철 서울대 경영학과 명예교수는 테니슨의 시 <참나무>를 인용하며 "개인과 기업이 지속적으로 성장하기 위해선 참나무처럼 발가벗은 힘을 길러야 한다"고 했습니다.

기업이나 사람 모두 지위나 상황이 부여한 힘이 아니라 근본적으로 갖고 있는 힘이 있어야 합니다. 과거의 영화에 취해, 당장의 지위에 취해 스스로의 힘을 쌓을 시간을 놓치게 되면 기업과 사람은 지속적으로 성장할 수가 없습니다. 안으로 알차게 심지가 굳은 나무, 땅으로 깊이 뿌리를 내린 나무만이 혹독한 겨울을 이겨내고 새 봄에 푸르게 번창하여 열매를 맺을 수가 있습니다.

제가 존경하는 도산 선생은 "네 가죽 속의 거짓을 버리고 참을 채우자"고 했고, 신동엽 시인은 "껍데기는 가라, 알맹이만 남고"를 외쳤습니다. 겉에 걸치고 있는 보여지는 것들보다는 옷을 벗어 놓은 후에도 내재돼있는 벌거벗은 힘을 강조했습니다. 그것은 바로 직위에 관계없이 내면에서 풍겨나오는 존경과 실력, 인격, 그리고 인간미를 의미하는 것이 아닐까요?

그저 월급 받는 만큼만 일하면서 내년의 열매를 기대한다면 벌거벗은 힘을 만들 수 없습니다. 전력을 다해 일하면서 월급으로는 매길 수 없는 가치를 스스로와 조직에게 입증할 때 벌거벗은 힘이 내재되어 쌓입니다. 그리고 그 힘은 조직과 자신에게 위기가 닥칠 때 꿋꿋이 버텨내며 봄을 맞을 수 있는 저력으로 작용할 것입니다.

테니슨의 시에 나오는 참나무처럼 말입니다.

참 나 무

— 알프레드 테니슨

Live thy life, 인생을 살되
Young and old, 젊거나 늙거나
Like yon oak, 저 참나무처럼
Bright in spring, 봄엔 눈부신
Living gold. 황금빛으로,

Summer – rich 여름엔 무성하고
Then; and then 그리고 그러고 나서
Autumn – changed, 가을이 찾아오면
Soberer – hued 은근한 빛을 가진
Gold again. 황금으로 다시,

All his leaves 마침내 나뭇잎이
Fall'n at length, 다 떨어진 그 때
Look, he stands, 보라, 벌거벗은 채
Trunk and bough, 줄기와 가지
Naked strength. 적나라한 그 힘,

Memo

메모로 나를 경영하라

Memo

메모로 나를 경영하라

메모로 나를 경영하라

초판 1쇄 인쇄 2015년 3월 3일
초판 1쇄 발행 2015년 3월 19일

지은이   오경수
펴낸이   김혜라

펴낸곳   상상미디어
주 소   서울 마포구 토정로304 408호
등 록   1998년 9월 2일
전 화   02-313-6571~2 | 02-6212-5134
팩 스   02-313-6570
홈페이지 www.상상미디어.com

ISBN 978-89-73-3
값 15,000원

잘못 만들어진 책은 구입하신 서점에서 바꿔드립니다.

이 도서의 국립중앙도서관 출판도서목록(CIP)은 서지정보유통지원시스템 홈페이지(http://seoji.nl.go.kr)와 국가자료목록시스템(http://www.nl.go.kr/kolisnet)에서 이용하실 수 있습니다.
(CIP제어번호:2015005386)